古代歷史文化研究輯刊

二 編

王 明 蓀 主編

第 25 冊

洪武時代佛教之研究

釋 見 曄 著

國家圖書館出版品預行編目資料

洪武時代佛教之研究／釋見曄 著 — 初版 — 台北縣永和市：
花木蘭文化出版社，2009〔民98〕
目 2+254 面；19×26 公分
（古代歷史文化研究輯刊 二編：第 25 冊）
ISBN：978-986-254-002-2（精裝）
1. 佛教史　2. 明代
228.2　　　　　　　　　　　　　　　　　98014512

ISBN - 978-986-254-002-2

9 789862 540022

古代歷史文化研究輯刊
二 編　第二五冊　　　　　　ISBN：978-986-254-002-2

洪武時代佛教之研究

作　　　者　釋見曄
主　　　編　王明蓀
總 編 輯　杜潔祥
出　　　版　花木蘭文化出版社
發 行 所　花木蘭文化出版社
發 行 人　高小娟
聯絡地址　台北縣永和市中正路五九五號七樓之三
　　　　　　電話：02-2923-1455／傳眞：02-2923-1452
網　　　址　http://www.huamulan.tw 信箱 sut81518@ms59.hinet.net
印　　　刷　普羅文化出版廣告事業
初　　　版　2009 年 9 月
定　　　價　二編 30 冊（精裝）新台幣 46,000 元

洪武時代佛教之研究

釋見曄　著

作者簡介

釋見曄（王秀花）

國立中正大學史學博士

目前是亞洲大學 通識教育中心 副教授

曾從事「明代佛教史研究」、「台灣佛教史研究」

目前致力於「佛教思想與現代心理治療對話之研究」

曾出版的專書有《晚明佛教發展之研究——以晚明四大師為中心》（法鼓出版，2007，台北）、《走過台灣佛教轉型期的比丘尼——釋天乙》（中天出版社，1999，台北）。

提　要

　　清末民初佛教常被譏為「死人佛教」、「經懺佛教」、「山林佛教」，此現象實有歷史脈絡可循。基於種種蛛絲馬跡，假定洪武時期佛教之發展，頗具關鍵性。故本文旨在討論洪武時期佛教之發展，與後來明、清及現代佛教之關係。

　　本文試從三方面介入，首先著眼外在環境「太祖的佛教政策」之探討，次由內在因素「僧侶活動」切入，最後再以南直隸寺院為例，究明此時佛教回應洪武哪些佛教政策，及與「山林佛教」、「經懺佛教」、「死人佛教」之關係。

　　洪武佛教政策以「隔離」為其特色，與民眾接觸大多是執行經懺禮儀的「教僧」，不是行持的「禪僧」或有教理的「講僧」。故與明清以後，世人對佛教的看法不外是僧徒避世修行，或以經懺為業之印象，相謀和。也呼應了「太祖強調僧人當在靜處、不出戶牖，不言僧侶要大力參與社會」的政策。

　　此期佛教寺院、僧侶未積極投入社會事務，反是積極走向方外山林世界。又，遠離知識，佛教義理難以創新、再詮釋，以回應時代需要；亦不能扮演知識的傳播者，帶動社會思潮的領導者。又，遠離社會大眾，難以回應眾生的苦難，提供眾生之需求，故也難以得到社會的認同與支持。

　　基本上，此期佛教不重思辯、難以創新，重禪修、輕教理，遠離知識和社會大眾。或可言，此時寺院發展、僧侶學佛的傾向和洪武佛教政策相呼應，已種下日後明清佛教被評為「山林佛教」、「經懺佛教」、「死人佛教」的因子。

目次

第一章　緒　論

　　洪武時期的佛教發展對明清以來的近世、現代佛教，有關鍵性的影響。並且對明清以來所謂「佛教衰微」之趨勢，〔註1〕有重要的促進作用，本文試圖說明此論題。

　　佛教是外來宗教，起源於民族、風俗、習慣、語言、思想等都異於中國的印度。傳入東土後，必須克服迥異於印度的文化背景、社會習俗、政治環境等因素後，方為中國所接受，因而增添中華文化的新活力，以促其發展、助其成長。橫超慧日指出研究中國佛教的意義有四，其中之一是佛教有悠久的歷史，它的流傳和發展在思想史、社會史和文化史上給人類留下了光輝燦爛的遺產。另外中國佛教是在中國固有文化思想的基礎上形成，又給漢唐以後的中國文化予以積極影響。〔註2〕此為筆者在中國眾多宗教中，選擇佛教作為研究之理由。

　　從清末民初，一部中國史是中國人爭取國家獨立、興盛，以血淚交織成的辛酸史，身處大變局的佛教亦然。自清末張之洞著〈勸學篇〉上奏朝廷，提倡廟產興學後，中國佛教一直處於急風驟雨中，其中除外在因素如張氏提倡「廟產興學」、五四以來高呼「打倒迷信與反宗教運動」外，〔註3〕不可否認，此種搖搖欲墜的情勢亦有佛教內在因素之促成，如僧侶不參與大眾事務，對社會無實質回饋，以及僧侶遠離知識，對教理難以再詮釋、更新以因應時

〔註1〕 明清佛教是否為「衰微期」，學者有不同說法。一派主張「是」，如黃懺華、鐮田茂雄等；另一主張「不是」，如于君方，詳文見第三章。

〔註2〕 橫超慧日：〈日本的中國佛教研究〉，收于藍吉富編《中國佛教史論集》（台北，華宇出版社，1987年），頁230。

〔註3〕 陳榮捷著、廖世德譯：《現代中國的宗教趨勢》（台北，文殊出版社，1987年），頁291。

代需要等。太虛大師（1889～1947）在〈怎樣增高佛教在國民中的地位〉提及佛教被社會鄙視的原因之一：「是僧徒本身不能不負相當責任。良以僧徒或隱居山林，自鳴清高，未能作積極有益於社會之事業；或只能作平常之超薦亡魂，於世無多大補益。」〔註4〕同時冉雲華亦云：「當時（民初）的寺院修行，仍然是離群索世的，……僧人們仍然集中於傳統的生活方式——念佛、坐禪、誦經、吃齋。」〔註5〕這種「離群索世的佛教」、「山林佛教」、「經懺佛教」、「死人佛教」，使得佛教遠離知識，讓其思想體系難以再詮釋、更新，以因應時代需要，同時也讓佛教遠離大眾。社會大眾若欲接觸佛教，其因緣卻大多在死者葬儀、經懺儀式的場合，以致對佛教乏正確性的了解。裡外交合，使清末民初佛教處於花果飄零、搖搖欲墜的局面。

佛教這種發展趨勢，殆有長期歷史，非始於明初，〔註6〕但洪武時期的佛教發展，實具關鍵性。爲求證之，乃有撰寫本文之動機，故擬以三方面說明：首以外在環境——太祖的佛教政策著眼；次由內在因素——僧侶活動切入；最後再以南直隸寺院分布爲例，究明此時佛教回應洪武若干政策，及與「山林佛教」、「經懺佛教」、「死人佛教」此種趨勢發展之關係。

有學者主張中國近世佛教始於宋代，如高雄義堅即云：「向來中國佛教的研究，是將重點集中於六朝至隋唐之間佛教的傳入，和中國佛教諸宗派的成立。對於宋、元、明、清時代佛教的發展有輕視的傾向。」〔註7〕當然，佛教是一種思想、信仰，因此教義和哲學便成爲它的核心內容。但佛教亦是一種宗教實體，具有寺院、財產、制度、組織等內涵，與現實的社會、政治、經濟等有密切的交集。高雄義堅再指出「由以往的研究僅是名僧知識的思想教理之歷史，改以近世帝王權確立和官僚國家體制爲前提，寫成新風貌的中國佛教史」。〔註8〕故高雄義堅認爲中國近世佛教的開始（也就是趙宋佛教），可

〔註4〕 太虛大師：〈怎樣增高佛教在國民中的地位〉，收在印順法師等編《太虛大師全書》第18冊（台北，善導寺佛經流通處，1980年），頁604～605。

〔註5〕 冉雲華：〈太虛大師與中國佛教現代化〉，《中國佛教文化研究論集》（台北，東初出版社，1990年），頁223。

〔註6〕 寺院隔離政策在北魏已有部分開始下令實施，如魏收：《魏書·釋老志》（台北，鼎文書局），卷114，頁3041～3045，提到北魏已有禁令，寺院需離群索居置於城郭外，但未嚴格執行。

〔註7〕 高雄義堅著、陳季菁譯：《宋代佛教史研究》，收在藍吉富編《世界佛學名著譯叢》（台北，華宇出版社，1987年），頁210。

〔註8〕 同註7。

說是哲理本位的學問佛教轉換成實踐佛教，也就是從印度佛教完全蛻變，形成中國獨特的民眾佛教。〔註9〕

　　高雄義堅認爲趙宋以前的佛教是哲理的，此觀點反應一般學者研究中國佛教史之趨向——重佛教義理，但此非佛史的發展現象。因爲在六朝隋唐時，佛教除哲理發展外，儀式亦是民眾信仰的主要內容。如劉淑芬以碑文爲資料，研究五～六世紀華北鄉村的佛教信仰，提出行道、開光、八關齋戒等儀式是當時信仰重點之一。〔註10〕雖然高雄義堅的說法有待修正，但不可否認，宋代以後佛教義理不似隋唐興盛，轉換成禪、淨盛行的實踐佛教。

　　但有宋之後，邊族治華，後有明太祖統一天下。孟森云：「明祖有國，當胡元盡紊法度之後，一切準古酌今，掃除更始，所定制度。……清無制作，盡守明制之作，……故於明一代，常措意其制定。措意明之制作，即當究心於明祖之開國。」〔註11〕而繆鳳林即直說：「……故近古國史，實以明代爲之樞紐。」〔註12〕

　　同樣地，佛教亦然。經過有元一代帝室崇佛，教團問題百出，如寺院占大量土地，引發社會經濟問題等。此外，飽暖思淫欲，元代僧徒生活大爲墮落，〔註13〕使得借明教叛亂而號令天下的明太祖，即位之後即準古酌今，整頓宗教，對佛、道二教之管制，採取了積極態度。其中實施隔離民眾與寺院僧尼之間的政策，仍爲清代所沿襲。〔註14〕太虛大師曾言：「中國古代帝王的政策，是愚民的政策，惟恐人民有革命的爆發……唯有採取佛教的消極思想與行爲來安定愚民……把佛教禪宗推崇到很高的地位，要他們不涉及政治思想與行動，即是將佛教消極的作用——無用之用，來封鎖人民的思想。……禪宗消極的作用，身居蘭若，依山林水邊過生活，悠遊歲月，足以消納國家剩餘才智，不妄冀非分，故爲帝王提倡而盛行宋、明、清間。」〔註15〕此說

〔註9〕同註7，頁12。

〔註10〕劉淑芬：〈五至六世紀華北鄉村的佛教信仰〉，《中央研究院歷史語言研究所集刊》，第63本，第3分，1993年，頁527～535。

〔註11〕孟森：《明代史》（台北，中華叢書委員會，1957年），頁9。

〔註12〕繆鳳林：《中國通史綱要》Ⅲ冊（台北，學生書局，1972年），頁1。

〔註13〕郭朋：《宋元佛教》（福州，福建人民出版社，1985年），頁195～196。

〔註14〕中村元等著、余萬居譯：《中國佛教發展史》（台北，天華出版社，1984年），頁493。

〔註15〕太虛大師：〈聽說「現代中國佛教」之後〉，收在印順法師等編《太虛大師全集》第28冊（台北，善導寺佛教流通處，1980年），頁515～519。

不虛。正如太虛大師所言，禪雖是盛行於宋以後，但如明太祖般地強調鼓勵山林修行、或住叢林遠離群衆的描述，殆爲明太祖之後佛教的寫照。

明太祖鼓勵僧人山林修行，但一般民衆又有宗教需求，如希求延年益壽、家門增福、或消災去厄、拔薦超度等，故需要有各種法會儀式的出現，及執行此儀式者。太祖於洪武十五年（1382）將佛教分類爲禪、講、教三宗。〔註16〕三宗各需專修，因此禪、講二宗僧侶不得有赴應，能赴應者只限於教僧，故出現以赴應爲專業的教僧一宗，〔註17〕並且在表面上給與教僧和禪、講僧鼎立地位。〔註18〕但太祖在〈御製玄教齋教儀序文〉言：「朕觀釋道二教，各有二徒……禪與全眞，務以修身養性，獨爲自己而已；教與正一，專以超脫，特爲孝子慈親之設，益人倫、厚風俗，其功大矣哉。」〔註19〕由此語意推之，太祖以教優於禪。

綜合上述，太祖佛教政策有一要點：令有教理研究的講僧、有行持的禪僧離群索居、遠離大衆，而與民衆接觸大多是執行經懺禮儀的教僧。故明清以後，世人對佛教的看法不外是僧徒避世修行，或以經懺爲業，此與太祖強調僧人當在靜處、不出戶牖，不言僧侶要大力參與社會的政策相呼應，同時也與太祖只限「教僧」或「應赴僧」與民衆接觸之意相符合。所以到太虛大師時代，民國年間的寺院修行，仍是離群索居、不問世事，僧侶仍集中於傳統的生活方式──念佛、坐禪、吃齋、趕經懺等。

由上知之，欲窺視近代佛教種種現象之來龍去脈，實有必要探究明太祖的佛教政策。這是本文第二章之所由作的原因。

上文只是探究洪武時佛教發展之外在局勢，而佛教內部發展是否與太祖政策相呼應？故筆者擬在第三章以僧侶爲標竿，究明僧侶活動呈顯何種趨勢。

漢末以來，西域譯經師陸續東來，如安世高（生卒不詳）、支讖（147～？）等，奠定佛教在我國傳播的義理基礎。接著有人信受佛法，奉行其道，而有

〔註16〕洪武分佛教爲禪、講、教三宗，所謂「禪」指以修行爲務，希能明心見性之僧侶；「講」指深究、或能說佛陀教法的僧侶；「教」指爲滿足世人需要，以赴應爲務，替人誦經、作法事等之僧人。

〔註17〕龍池清：〈明代の瑜伽教僧〉，《東方學報》，1940 年，第 11 卷，第 1 號，頁 405，介紹教僧亦名「瑜伽教僧」，因施行瑜伽三密之行法；又名「赴應僧」，因赴應世俗需求而作佛事。

〔註18〕同註17，頁 405。

〔註19〕明太祖：〈御製玄教齋教儀序文〉，收於《道藏》第15冊（台北，新文豐出版社）H-Y467，頁 1。

中國僧侶之出現。據湯用彤言：「中國最早的出家人是嚴佛調，因隨安世高學佛而出家。」〔註 20〕

「僧侶」是漢語與梵語合稱。梵語音譯為「僧」sangha，指信受如來之教，奉行其道者；或指信受佛教，修行佛道之團體。〔註 21〕本文中的「僧侶」、「僧人」，即是指佛教的出家人而言；不論其生於元末或明初，只要曾活躍於洪武時代者，皆納入本文之探討範圍。但此時的僧侶數以萬計，故焦點只集中在僧侶中的少數菁英階層（下文詳介），大多屬當代名僧、高僧，非凡夫僧或惡僧。〔註 22〕

第三章即試從僧侶政治及宗教性活動下手，得知此時僧侶與政治保持密切關係。而在宗教活動方面，其表相似為繁榮，但在佛學思想之表現已有重禪定輕義理的傾向，這種種趨勢實有究明之必要，旨在探究其與明、清佛教扮演何種關係。

除討論佛教內外因素之外，再以區域性研究——南直隸寺院分布為例，檢索地方寺院對洪武時期的佛教管理，其回應為何，並且借由各類寺院之分布，窺探此時佛教之發展趨勢，此是欲論第四章的主要因由。

寺院為佛寺之通稱，乃安置佛像並供僧尼止住以修行佛道和弘法的處所。換言之，寺院是佛教義理、修行、及儀式傳承的聖壇，佛教的理念、理想藉著寺院各項活動轉遞到社會與民眾中。所以在佛教傳播上，是重要的一環，是教團存在的四要素之一。〔註 23〕

我國僧寺之始，顏尚文認為漢末洛陽城西門外有寺院的存在，應該沒有問題。〔註 24〕從此，寺院在各地不斷的發展。〔註 25〕而在寺院的發展過程中，

〔註 20〕湯用彤：《漢魏兩晉南北朝佛教史》，收於藍吉富主編《現代佛學大系》（台北，彌勒出版社，1982 年），頁 65。

〔註 21〕望月信亨：《望月佛教大辭典・僧條》（台北，地平線出版社，1977 年），頁 3018。

〔註 22〕藍吉富：〈傳燈的人——歷代僧侶的分類考察〉，收於《中國文化新論・敬天與親人》（台北，聯經出版社，1982 年），頁 79～82。

〔註 23〕小口偉一・堀一郎：《宗教辭典》（東京，東京大學出版會，1974 年），頁 305，提及 Brewer, E.D.認為構成宗教集團的四要素是教義（charter）、信者（personnel）、儀式行事（norms）、及施設（material apparatus）。施設是日人翻譯的名詞，而筆者認為寺院即是施設之一。

〔註 24〕顏尚文：〈後漢三國西晉時代佛教寺院之分布〉，《師大歷史學報》，1985 年，第 13 期，頁 8。

〔註 25〕同註 24，頁 1，「佛教於兩漢之際傳入中國，到了魏晉南北朝時期，寺院由

其建立與分布，可作爲佛教發展之指標。如蘇瑤崇以嶺南地區爲主，統計從西晉至唐之寺院，發現西晉以前嶺南寺院只有一所，大部分寺院都是成立東晉以後，印證嶺南佛教在東晉以後的發展。〔註 26〕黃啓江研究北宋汴京的寺院，亦發現當時已有人認爲禪宗未能行於京邑，實由於禪院太少之故，故有十方淨因禪院之創建，以爲汴京禪宗發展的根本。〔註 27〕同時，以寺院爲標竿亦可窺見當時政治等狀況，如《洛陽伽藍記》一書，雖然以記洛陽的佛寺爲題，但實際上所記與當時之政治、人物、風俗、地理、以及傳聞的故事有關。此外建立寺院亦需要多方因素配合，非僧人之力即可達成，尙須配合當地人士的贊助、政治當局的認同和經濟資源供應等條件。由此可知，寺院的存在、發展與政治、社會、經濟、思想等有密切關係，故在佛教發展史上，須作多角度綜合性研究。

故第四章即以洪武時期的政治中心——南直隸爲例，分析當時的寺院分布，並討論下列幾個問題：

1. 明太祖將寺院分類爲教、禪、講，而寺院之寺名與此相應者若干？
2. 明太祖下令府、州、縣設立僧綱、正、會等司以管理僧眾，其推行情況如何？
3. 明太祖清理寺院，詔令地方寺院歸併成叢林，而其間奉行者有多少？

爲何以南直隸爲例？因爲當時它是京畿所在，是官僚系統傳遞資訊最迅速之區，換言之，首都是行政效率最高之處。以此爲例，若地方寺院依令奉行，可見太祖政策非紙上談兵而曾付諸實行；若沒有奉行，則探討是何因素所致。首都乃政治控制最嚴之區，故此爲區域研究的特殊個案，筆者無意以之普遍反應全國各地寺院之回應情況。

以研究成果而言，因明清佛教在中國佛教歷史上，常被學者視爲衰微期，

數百所至三萬餘所，雖歷經三武一宗等的毀佛破壞，到了民國初年，仍有數十萬所之多。」又周祖謨：《洛陽伽藍記校釋·序文》（香港，中華書局，1976 年），提及北魏正光（520～525）後，單洛陽一城，就有寺 1,367 所。此外黃敏枝：《宋代佛教社會經濟史論集》（台北，學生書局，1989 年），頁 324～329 的表一、二即載歷代（西晉始）到宋代寺院數目表，其中宋代寺院 11,712 所又可證之。

〔註 26〕蘇瑤崇：《佛教之社會機能初探——以東晉至隋唐嶺南佛教爲例》（清大碩士論文，1987 年，未刊本），頁 6～15。

〔註 27〕黃啓江：〈北宋汴京之寺院與佛教〉，《國立編譯館館刊》，1989 年，第 2 期，頁 108。

而不被重視，〔註28〕直到本世紀七十年代中期以後，明代佛教始逐漸引起國際漢學界的重視。可是其重點多集中於晚明蓮池（1532～1612）、憨山（1546～1623）、紫柏（1543～1603）、蕅益（1599～1655）四大師身上，〔註29〕而對明初佛教之研究，少有專書撰述，多以單篇論文型式出現，如龍池清、野上俊靜、滋賀高義、朱鴻、陳連營等。〔註30〕這些文章多以單一角度如太祖佞佛、或太祖利用宗教來討論其佛教政策；少全面性地檢視太祖的佛教政策，或如酒井忠夫的〈明の太祖の三教思想とその影響〉，〔註31〕以思想層面而稍涉及到太祖佛教政策與其思想之因由。

　　基本上，第二章是奠基於前人研究成果，及參考一手資料後，一一檢索，試圖爬梳出其中有關太祖的佛教政策內涵（這部分以漢地佛教為主，不涉及邊遠地區如西寧、吐番等；又太祖政策常針對釋、道二教，本文只處理有關佛教部分），再探究其背後因由。本文相關的一手資料有《明實錄》、《大明會典》等官方資料；佛藏資料有收錄於《卍續藏》的《釋氏稽古略續集》，這兩類型資料，對全面搜索太祖的佛教政策而言，有互補、考異之用。此外，尚有《明太祖文集》、《金陵梵刹志》等資料，有助於了解太祖政策背後之因由。

　　前人對中國僧人之研究，較著重個人思想或其個人性的活動，如湯用彤、鐮田茂雄、Arthur Wright 等；〔註32〕或不分時限，探討僧侶分類、活動如藍

〔註28〕 見黃懺華：《中國佛教史》（台北，新文豐出版社，1983 年），此書寫於 1937 年，作者在凡例云：「歷史通例，雖因愈至近代愈詳。然佛教、佛學實以隋唐為最盛。至宋以後，愈趨愈下。」；又鐮田茂雄：《中國佛教史》（台北，新文豐出版社，1987 年），頁 241 云：「明清以後的近代佛教，可以說是佛教的衰微期。」

〔註29〕 晚明四大師作品，如聖嚴法師：《明末中國佛教の研究——特に智旭を中心として》（東京，山喜房書林，1975 年）；Chun-Fang Yü, *The Renewal of Buddhism in China:Chu –Hung and the Late Ming Synthesis*（Columbia Uni . 1981）。

〔註30〕 龍池清：〈明代の僧官〉《支那佛教史學》，1940 年，第 4 卷第 3 期；野上俊靜：〈明初の僧道衙門〉《大谷學報》，1950 年，第 27 卷，第 1 期；滋賀高義：〈明初の法會と佛教政策〉《大谷大學年報》，1969，第 20 期；朱鴻：〈明太祖與僧道〉《師大歷史學報》，1990 年，第 18 期；陳連營：〈試論明初洪武年間對佛道二教的整頓和管理〉《史學月刊》，1991 年，第 3 期。

〔註31〕 酒井忠夫：〈明の太祖の三教思想とその影響〉《福井博士頌壽紀念》（東京，福井博士頌壽紀念論文集刊行會，1960）。

〔註32〕 湯著見註 22，頁 187～227，即探討道安思想及其個人活動；鐮田茂雄著、關世謙譯：《中國佛教通史》（高雄，佛光出版社，1985 年），第 1 卷，頁 301～307，介紹佛圖澄生涯及其教化活動；Arthur Wright, *Buddhism in Chinese History*（台北，南天書局，1990 年），頁 44～54，介紹支遁、竺道生、慧遠等人的活動。

吉富、丁敏。〔註33〕上述皆未對同一時代，某一類群的僧侶作考察，以便了解此時佛教之趨勢與特質。第三章旨在探究洪武時菁英僧侶之活動，從政治、宗教性活動兩種不同角度切入，以了解此時佛教發展之大勢。

至於第三章資料，除參考上述前人成果外，主要以《新續高僧傳》、《補續高僧傳》爲主，酌增《續佛祖統紀》、《增集續傳燈錄》、《五燈會元續略》、《續燈存稿》、《續燈正統》、《五燈全書》，再對照陳垣《釋氏疑年錄》後，又補山寺志如《金山志》、《淨慈寺志》等。本文所以未用明·如惺（生卒不詳）《明高僧傳》爲主者，蓋其遺漏甚多，未臻完善。〔註34〕林傳芳也指出《明高僧傳》爲《新續高僧傳》所吸收、補全。〔註35〕故本文以《新續高僧傳》代替《明高僧傳》。雖然如此，林傳芳亦評《新續高僧傳》仍有不足，〔註36〕而且其所收錄的人數，仍有許多遺漏，故再以上述各書增補。

歷來學者對佛教的研究，雖大都偏重其義理、思想層次，但也有部分學者研究寺院與政治、經濟、社會關係等課題，如何茲全、顏尚文、黃敏枝、黃啓江、此外還有 Jacques Gernet、高雄義堅、龍池清等文。〔註37〕上述作品的研究範圍大都限於唐宋以前，只有少數如龍池清以明代爲研究領域，但其重點只介紹洪武政令對寺院之管制，並未探究當時地方寺院分布之狀況，及所呈現出的問題。

第四章資料除參考上述前人研究之成果外，主要以《金陵梵刹志》和南直隸地方志爲主。〔註38〕雖然地方志的寺觀，不記載未向政府登記的寺觀；

〔註33〕藍著見註20，頁67～122；丁敏：〈方外的世界——佛教的宗教與社會活動〉，收於《中國文化新論·敬天與親人》（台北，聯經出版社，1982年），頁125～181。

〔註34〕喻昧庵：《新續高僧傳》（台北，台灣印經處，1991年），頁7，言：「明傳遺漏殊多，未臻完善，擬博採群書，自北宋以迄於今，擇其道行超著者，彙爲一編，名曰四集。」

〔註35〕林傳芳：《中國佛教史籍要說》（京都，永田文昌堂，1979年），頁163。

〔註36〕同註35，頁184～185。

〔註37〕何茲全：《五十年來漢唐佛教寺院經濟研究》（北京，北京師範大學出版社，1986年）；顏文見註24；黃敏枝文見註25，第九章；黃啓江文見註27；Jacques Gernet著、耿昇譯：《中國五～十世紀的寺院經濟》（蘭州，甘肅人民出版社，1987年）；高雄義堅：〈宋代寺院制度の——考察——特に住持繼承法を中心として〉《支那佛教史學》，1949年，第5卷，20號，頁8～22；龍池清：〈明初の寺院〉《支那佛教史學》，1938年，第2卷，4號。

〔註38〕南直隸共十四府、四直隸州，滁州除外。因其相關地方志，目前僅存微捲萬曆《滁陽志》，但此版殘缺不全，少掉寺觀記載；還有光緒《滁州直隸州志》

又與刹志相比，其資料較缺。如以金陵爲例，天啓間完成之《金陵梵刹志》載洪武時金陵梵刹有 84 所，而《萬曆應天府志》只有 40 所。但再與其它志書相較，如《天順大明一統志》或《嘉靖南畿志》所記各地寺觀相比，地方志的資料則比他們詳細、豐富。刹志雖詳但文獻不多，不如地方志之普遍。故研究地方寺院時，方志仍不失爲較好的第一手材料。而在地方志版本上則以明代版本爲主，雖然清代版本大多承襲明代，但經過比對後仍有缺漏，如比較《正德姑蘇志》與《康熙蘇州府志》，發現二者對洪武寺院歸併之記載有截然不同的結果。《姑蘇志》載歸併寺院 577 所，而《蘇州府志》只有 5 所，故避免用之。

至於本文如何處理上述資料？筆者大多探地毯式收集、量化、統計、分類，再作比較、分析。儘管如此處理，仍有些許遺珠之憾，如以僧傳而言，雖從上述資料收集到 150 位，但散在山志、文集等僧傳，無法羅縷紀存，這是本文有限之一。此外，本文主旨只處理僧侶的政治、宗教性活動，而未涉及其社會、經濟等活動。這些範圍涉獵頗廣，皆可獨立成文，須作單篇處理。又如地方寺院分布，亦只涉及它與政治部分，未再探討它與社會、文化等關係。另外，本文所採取的態度是歷史的，非哲學的。故內容略於佛教義學，而詳於佛教的歷史發展。由於如此，是以歷史觀點來看待洪武時期佛教，所以筆者儘可能地注意每一重要史實的前因、後果、淵源、影響及其歷史地位。

有關本文架構共分五章：

第一章「緒論」，說明研究主旨、範圍、史料及方法等，並對近人有關著作略爲評價。

第二章「太祖的佛教政策及其因由」，主要探討其佛教政策爲何？有何原則、方向；進而究明影響太祖政策之因素爲何。故第一節說明太祖與宗教淵源；第二、三、四節處理太祖的佛教管制、隔離、懷柔禮遇等政策；第五節探討太祖佛教政策背後之因由。

第三章「洪武時期僧侶活動」，探明僧侶活動範圍、性質，呈顯佛教何種發展趨勢。故第一節說明僧侶籍貫、家世、外學素養；第二節處理僧侶活動之區域；第三、四節探討僧侶政治、宗教等活動。

第四章「洪武時期寺院分布——以南直隸爲例」，討論寺院分布與南直隸經濟背景之關係；並檢索其回應洪武時期的佛教管理爲何，及其寺院分布反

因出版年代離洪武久遠，僅作參考之用。

應佛教展何種發展趨勢。故第一節說明南直隸的經濟背景與寺院分布之關係;第二節探討南直隸寺院回應佛教之管理;第三節處理寺院分布與政治、社會等其它關係。

　　第五章「結論」,綜合上述觀點,並提出本文尚未處理,來日可再探究之課題。

第二章　太祖的佛教政策及其因由之探討

第一節　太祖與宗教淵源

　　朱元璋（1328～1398）出身貧農家庭，少年時曾為小沙彌、遊方僧，後投入紅軍。壯年時南征北討從吳國公到吳王，最後在 1368 年取得大一統帝業，為明朝開國君主。牟復禮認為從 1371 年到 1380 年，朱元璋致力於帝國的鞏固和穩定；1380 年是過渡改組之年，借胡惟庸之案廢宰相，將權力全部集中於皇帝手中；1383 年到 1392 年是監視和恐怖加劇的年代。〔註1〕換言之，朱元璋晚年大興文字獄及大屠殺，實行恐怖統治。

　　在朱元璋一生當中，如從幼年到建國，其行徑與宗教有密不可分的關係。幼年多病，據傳其父曾抱他到佛寺欲捨之，剛好那時寺裡無僧，又抱回家來。在家宅東簷下見一僧面壁坐顧，其父以手撫摸朱元璋頭頂，疾逐愈。〔註2〕

　　少年時，因災荒不得不捨身入釋門，以求一口飯吃。後寺僧以食不給，遣散其徒，朱元璋開始遊食四方，在這遊方過程裡，吳晗說他：「在這大元帝國的火藥庫周遊幾年，二十一歲的窮和尚，接受新的宗教、新的看法……也加入秘密組織。回到皇覺寺以後，開始結交朋友，……同時也立志多識字、多讀書。」〔註3〕

　　回到皇覺寺以後，天下仍是大亂。不久，皇覺寺被元兵焚毀，朱元璋只

〔註1〕牟復禮等編，張書生等譯：《劍橋中國明代史·目錄》（北京，中國社會科學出版社，1992 年），頁 2。

〔註2〕《明太祖實錄》，元天曆元年九月子丑條，卷 1，頁 1。

〔註3〕吳晗：《朱元璋大傳》（台北，遠流出版社，1991 年），頁 21。

好投奔紅軍，後殺其主小明王韓林兒，借小明王基業，削平群雄，建大明帝國。吳晗謂「朱元璋因明教建國，故以明爲國號。然『明王出世，彌勒降生』，均含有革命意義，……使此說此教仍繼續流傳，則後來者人人可自命爲明王、爲彌勒，取明而代之，如明太祖之於宋小明王。……洪武元年四月，……詔禁白蓮社及明尊教。」〔註4〕在此，吳晗云朱元璋因明教建國，故以明爲國號。柯毓賢不同意吳氏看法，指出「明王」與「明教」無關。而提出「明王」是白蓮教借南方信仰而來。〔註5〕由上知之，姑且不論「明王」與何教有關，但總不離朱元璋借小明王基業，以宗教力量取得帝王之實。

朱元璋在統一帝國之前，曾假借道士是預言者、先知者的形象，證明自己是「太平天子」。何喬遠（1558～1632）《名山藏·方外紀·張中傳》云：「張中字景華，……號鐵冠道人。高帝十餘年時遇諸道，引高帝手，相之曰：『太平天子也，但尚勿妄動。』」〔註6〕又《明太祖實錄》卷229亦云：「上將還，（周）顛僊於道側以手畫地作圈曰：『破一桶（統）成一桶矣。』」〔註7〕

其實借道士是預言者、先知者的形象，以表天命攸歸，在歷史上屢見不鮮，朱元璋不是特例，如趙匡胤得位的許多神話之中，即有假道士之力。〔註8〕

第二節　太祖的佛教管制政策

上文介紹太祖在建立帝業之前，曾出家爲遊方僧，也借明教、道教之力完成大一統事業，可見其與宗教關係之密切。但登基之後，其宗教政策如何，下文即探究其對佛教採何種何策。

〔註4〕　吳晗：〈明教與大明帝國〉《吳晗史學論著選集》第二卷（北京，人民出版社，1986年），頁415。

〔註5〕　柯毓賢：〈「明王」與「羅平王」——以《轉天圖經》爲中心之考察〉《東方宗教研究》，1993年，新3期，頁100。

〔註6〕　何喬遠：《名山藏》（台北，成文出版社），頁5951。

〔註7〕　除上引文外，亦可見陸粲：《庚巳編》卷七〈鐵冠道人〉（百部叢書集成，藝文印書館），頁10a；宋濂：《宋學士文集》卷十〈張中傳〉（百部叢書集成，藝文印書館），頁48～50；《明史·方伎傳》卷一八七〈周顛、張中傳〉，頁7639～7640等，皆有記載張中、周顛以預言助朱元璋取得天下之事。

〔註8〕　孫克寬：《宋元道教之發展·北宋初年之道教》，〈太祖受命的傳說〉（台中，東海大學，1968年），頁53～57；又吳彰裕：《歷代興業帝王政治謎思之研究》（中山大學中山學術研究所碩士論文，1985年），頁79～82，談到三代以下，二千多年來的帝王，都具有政教結合的「眞命天子」之身分。

　　滋賀高義將太祖佛教政策分爲「剛」與「柔」，剛的政策是指太祖對佛教之懲罰與管制，如善世院之設置、淫祠之禁、禁止齋醮、合併寺觀、確立度牒給付制等；柔之政策是指懷柔與放任之，如啓建法會。〔註 9〕但此分類，筆者認爲仍不能突顯太祖政策之意圖。因爲有些「剛」之政策，如確立度牒給付制，不能算是對佛教的懲罰與取締，而此種管制可確保僧伽素質，反而有助佛教之發展。故筆者將太祖佛教政策分三類：一管制、二隔離、三懷柔禮遇等政策。

　　下列以《明太祖實錄》(以下簡稱《實錄》)、《大明會典·僧道》(以下簡稱《會典》)、《釋氏稽古略續集》(以下簡稱《續集》)爲資料，一一檢視其中有關佛教政令，再依《大明會典·僧道》的標題爲分類基準，後依其內容再作調整及另加項度，以下分別說明之：

一、僧道給度

　　太祖的佛教管制政策共有「僧道給度」、「整理經典」兩項，以下先論述「僧道給度」。「度」指度牒，由官方頒發出家僧侶得度之証明書，北魏時代即有此制。《魏書·釋老志》：延興二年（472）下詔「無籍之僧，精加隱括，有者送付州鎮，……若爲三寶巡民教化者，在外齎州鎮維那文移，在臺者齎都維那等印牒，然後聽行。」〔註 10〕可知國家爲控制僧侶素質及量的發展，其來有自。只是後來政府爲財政之需而鬻牒，唐肅宗至德元年（756）爲得軍資，應宰相裴冕之奏，納錢一百緡者，發給度牒，此爲鬻牒之始。〔註 11〕明太祖爲管制僧眾量及質的發展，取消鬻牒而採試經給度，詳見下表：

表一：僧道給度

洪武紀年	內　　　容	出　　　處
五年十二月己亥（1372）	時天下僧尼、道士、女冠，凡五萬七千二百餘人，皆給度牒以防僞濫。禮部言：前代度牒之給，皆計名鬻錢以資國用，號免丁錢。詔罷之。	卷 77，頁 1416。《續集》頁 232，與此略同。
五年	令給僧道度牒，罷免丁錢。僧錄、道錄司造周知冊，頒行天下寺觀，凡遇僧道，即與對冊，其父兄貫籍，告度日月，如有不同，即爲僞冒。	《會典》卷 104，頁 1575。

〔註 9〕滋賀高義：〈明初の法會と佛教政策〉，《大谷大學年報》，1969 年，第 20 期，頁 200～207。

〔註 10〕《魏書·釋老志》(中華書局)，頁 3038。

〔註 11〕慈怡法師：《佛光大辭典·度牒》(高雄，佛光出版社，1988 年)，頁 3779。

六年八月丙戌（1373）	禮部奏度天下僧尼、道士凡九萬六千三百二十八人。	卷84，頁1501。《續集》頁232，與此略同。
六年十二月戊戌	上以釋老二教近代崇尚大過，徒衆日盛，安坐而食，蠹財耗民，莫甚於此。……若請度牒必考試，精通經典者方許。又以民家多女子爲尼姑、女冠，自今年四十以上者，聽。未及者不許。	卷86，頁1537。《會典》，頁1578，與此略同。
十一年（1378）	禮部郎中袁子文建言度僧，許之。	《續集》頁241
十四年（1381）	命度僧一千名，悉給與度牒。	《續集》頁244
十七年閏十月癸亥（1384）	禮部尚書趙瑁言：自設置僧道二司，未及三年，天下僧道已二萬九百五十四人。今來者益多，其實假此以避有司差役，請三年一次出給度牒，且嚴加考試，庶革其敝。從之。	卷167，頁2563。
二十年八月壬申（1387）	詔民年二十以上者，不許落髮爲僧。年二十以下來請度牒者，俱令在京諸寺試事三年，考其廉潔無過者，始度爲僧。	卷184，頁卷2771。《會典》，頁1576與此略同。
二十一年三月（1388）	有討度牒的，僧二十已上的，發去烏蠻、曲靖等處，每三十里造一座庵，自耕自食，就化他一境的人。	《續集》頁253
二十一年	試經度僧，給與度牒。	
二十五年十二月甲午（1392）	會僧錄司造知周冊，頒于天下僧司。時京師百福寺隱囚徒逋卒，往往易名姓爲僧，遊食四方，無以驗其眞僞，於是命造周知文冊。自在京及在外府州縣寺院，僧名以次編之，其年甲、姓名、字行及始爲僧年月，與所授度牒字號，俱載於僧名之下，既成，頒示天下僧寺。凡遊方行腳至者，以冊驗之，其不同者，許獲送有司，械至京治重罪，容隱者，罪如之。	卷223，頁3268。《續集》頁257，與此略同。
二十七年（1394）	年二十以下願爲僧者，亦須父母具告有司奏聞方許。三年後赴京考試，通經典者始給度牒，不通者杖爲民。	《會典》頁1576
二十八年九月己未（1395）	禮部言：今天下僧道數多，皆不務正本，宜令赴京考試，不通經典者黜之。詔從其言，年六十以上者免試。	卷242，頁3524。《會典》，頁1576，與此略同。

說明：1. 本表依據《太祖實錄》故只列卷、頁碼，另有他據者附見於備註；下表皆同。

2. 《續集》所用資料，皆出於卷二；下表同。

3. 《會典》所用資料，皆出於卷一百四；下表同。

　　洪武五年禮部言，歷代鬻牒以資國用，號「免丁錢」，太祖為防偽濫，詔罷免丁錢，思以度牒控制僧侶素質及數量。同年令造周知策，六年整理僧道共有九萬多人。數月之後，政府覺得徒眾太盛，又下令需精通經典者方可取得度牒，進而規定女性出家年齡，此為太祖先對女性出家者的限制。十七年僧、道大增，當局認為有躲避差役之嫌，故禮部又建言，三年方可牒一次，且需嚴加考試審核。到二十年，甚至規定男眾要年二十以上，方可出家。隔年，對討牒者即發去邊遠處，自耕自食，教化當地居民。二十五年時京師發現囚徒化成僧眾，遊食四方，恐違社會安全，再重申令造周知冊，以便檢核遊方僧。二十八年，僧人欲取度牒者，宜在京都考試，此表示中央政府將度僧的考試權欲收回中央，不放心地方的檢核。

　　簡言之，太祖為防止偽僧，除直接給僧度牒外，也有防範措施以檢核僧人身分，如造周知冊，當僧侶遊食四方時，可驗其真偽，防囚徒逋卒易名姓為僧也遊食四方。另外，為防僧眾濫增，在積極方面採試經度僧，且一再強調之，以杜絕無心修行者；消極方面則罷「免丁錢」，防素質低劣者以買牒方式為僧。

　　由上文亦可歸納出，政府透過年齡、性別、考試面對度牒採管制政策。其原因不外是為防偽濫，恐其影響國家差役及社會安全。

　　總之，太祖僧道給度之政策，無非藉此限制，管制僧眾數目及僧尼素質。

三、整理經典

　　雖然太祖對佛教教理之理解貧乏，〔註12〕但並不妨害其對經典之整理。首先命僧點校藏經，而有《南藏》之刊行；太祖令宣揚其所指定之經典，似有要對教義進行統一化的企圖。荒木見悟亦認為太祖命人創作《心經》等講解，其內容並非探究空理，而是思想控制，欲與統治者思想一致。〔註13〕

　　五年（1372）太祖命四方名德沙門，先點校藏經。〔註14〕十年（1377）再詔

〔註12〕龍池清：〈明太祖的佛教政策〉，《海潮音》1991年，第72卷，第2期，頁25；及印順法師：《淨土與禪》（台北，正聞出版社，1972年），頁20，對此皆有相同之看法。

〔註13〕荒木見悟講、慧嚴法師譯：〈明代楞嚴經的流行〉，中，《人生雜誌》，1993年，第124期，頁41。

〔註14〕明・幻輪（生卒不詳）：《釋氏稽古略續集》收於《卍續藏經》第133冊（台北，新文豐出版社），卷2，頁232。

天下沙門講《心經》、《金剛》、《楞伽》三經，命宗泐、如玘等註釋頒行。〔註15〕二十四年（1391）丁巳進而規定佛經翻譯已定者，不許增減詞語。〔註16〕

　　爲何太祖要選《楞伽》、《金剛》、《心經》此三經，是「順勢」？抑或「創造」？在明代的流傳過程裡，僧、民、士與太祖對此三經的認知有何共通或差距；在明代此三經註釋頗盛，〔註17〕此與太祖提倡有關嗎？這些問題頗值得探究推尋，囿於文獻不足不能作完整性回答，目前只對第一個問題稍作討論。

　　其中《楞伽》與《金剛》是禪宗重要經典，從初祖達摩到四祖道信、五祖弘忍都還以《楞伽》印心；〔註18〕而六祖惠能見一客讀《金剛經》，他一聞心迷便悟。〔註19〕又印順法師《中國禪宗史》論《金剛經》地位時亦云：「《金剛經》闡明無相的最上乘說，又不繁的校量功德，讚嘆讀誦受持功德，篇幅不多，是一部適於持誦流通的《般若經》，非其它大部的，或專明深義可比。自鳩摩羅什譯出以來，早就傳誦於教界。」〔註20〕自宋以後，唯禪、淨盛行，因而此二經對明代而言是不陌生。

　　趙宋以後，明代叢林中普遍形成朝暮課誦，是僧眾每天定時的功課，主要以念持經咒、禮拜三寶、和梵唄歌讚等，其中《心經》是內容之一。〔註21〕加上《心經》是《般若經》短扼的心要，只有二六八字（以盛行的玄奘譯本爲主），而有六種譯本，可見其被教界重視之端倪。

　　《心經》屬印度佛教空宗之系統，主要介紹般若實相，而在太祖所作的〈心經序〉竟以三綱五常與之相扣。〔註22〕一部談空性般若實相的經典，太祖亦可以三綱五常詮釋之，由此觀之，太祖欲在順勢中領導佛教，進行思想統一化（以三綱五常爲主），但此標準化企圖是否成功仍有待探究。

〔註15〕同註14，頁240。

〔註16〕《明太祖實錄》，卷209，頁3110。

〔註17〕聖嚴法師《明末中國佛教之研究》（台北，學生書局，1988年），頁58，統計《卍續藏》所收錄《心經》的註釋書，共46種，其中在明代完成的即佔26種；《金剛經》註書有42種，其中明代完成14種；此外《楞伽經》11種註釋之中，明代完成8種。

〔註18〕印順法師：《中國禪宗史》（台北，正聞出版社，1978年），頁14。

〔註19〕同註18，頁158。

〔註20〕同註18，頁160。

〔註21〕王新：〈課誦〉，收於藍吉富編《中國佛教人物與制度》（台北，彌勒出版社，1984年）頁413～418。

〔註22〕同註14，頁256。

此外，尚有一些不易歸類，但屬管制政策，如洪武二十一年（1388）下詔：「靈谷、天界、能仁、雞鳴等係京剎大寺，今後缺住持，務要叢林中選舉有德行僧人考試，各通本教，方許著他住持，勿得濫舉。」〔註23〕又洪武三十年（1397）「命僧錄司行十三布政司，凡有寺院處所，俱建禪堂安禪集眾。」〔註24〕

上例所言皆是佛門中事，如選住持、建禪堂以安眾，但太祖亦下令管理，可見其對佛教事務不分內外，都要干涉。

至於這些政策是否有執行，第二項「整理經典」在下一章借僧人活動之探討，知道其有被執行。其它項目，囿於資料無法交待是否施行。

第三節　太祖的佛教隔離政策

一、僧道禁例

太祖的佛教隔離政策共有五項：僧道禁例、立僧官制、清理寺觀、定類別及服飾、定法事儀軌與誦經價格。下列先論述僧道禁例：

太祖出身下階層，又從宗教起家，深識宗教與民眾結合之力。又恐僧道男女混雜，有妨禮教，敗壞社會風氣；及畏懼宗教假借書符水、咒術以左道惑眾，結社集黨，故登基後即發出一連串禁例，下表詳之：

表二：僧道禁例

洪武紀年	內　　容	出　　處
三年六月甲子（1370）	其僧道建齋、設醮，不許章奏上表、投拜青詞。亦不許塑畫天神地祇及白蓮社、明尊教、白雲宗、……書符咒水諸術並加禁止。庶幾左道不興，民無惑志。	卷53，頁1037
五年五月戊辰（1372）	市鄉里閭尚循元俗，天下大定，禮義風俗可不正乎？……僧道之教以清淨無為為主，往往齋薦之際，男女溷雜，飲酒食肉自恣，已令有司嚴加禁約。	卷73，頁1353
十九年（1386）	敕天下寺院有田糧者，設砧基道人，一應差役，不許僧應。	《續集》，頁252

〔註23〕明太祖：〈心經序〉，《明太祖集》（合肥，黃山書社，1991年），頁307～308。
〔註24〕同註14，頁361。

二十四年六月（1391）	當是時佛教大彰，群修者豈有與俗混淆，與常人無異者。……今天下之僧，多與俗混淆，尤不如俗者甚多，是等其教而敗其行，理當清其事而成其宗。令一出禪者禪，講者講，瑜伽者瑜伽，各承宗派，集眾爲寺。有妻室願還俗者，聽；願棄離者，聽。故下各種不准僧俗混雜的禁令。	《續集》頁254～256
二十七年正月（1394）	下令僧合避者、可趨向者的各種事項。僧若依朕條例，或居山澤、或守常住、或遊諸方，不干於民，不妄入市村，官民欲求僧以聽經豈不難哉。行之歲久，佛道大昌，榜示之後，官民僧俗敢有妄論乖爲者，處以極刑。	《續集》頁259～260
二十七年	餘僧道俱不許奔走於外，及交構有司，以書冊稱爲題疏，強求人財。其一、二人於崇山深谷修禪，及學全眞者，聽；三、四人不許。 若遊方問道，必自備路費，勿索取於民。 僧道有妻妾者，許諸人趕逐，相容隱者罪之，願還俗者，聽。亦不許收民間兒童爲僧，違者并兒童父母皆坐以罪。 有稱白蓮、靈寶、火居及僧道不務祖風，妄爲議論沮令者，皆治重罪。	《會典》頁1576

　　由上表得知，三年太祖禁止某些儀式的舉行，如章奏上表、投拜青詞、書符咒水諸術等。五年整頓僧道風氣，恢復清淨無爲的風格，禁止男女混雜、飲食酒肉。十九年不希望僧人與官府打交道，奔走衙門間，但寺院又需繳糧納稅，故令設砧基道人處理寺院與官府兩者間之事項，以期達成僧、俗隔離之意。

　　二十四年太祖以爲此時佛教大彰，而僧俗嚴重地混雜，進而僧不如俗者甚多，再重申三宗分流制度（十五年制定），令禪者禪、講者講、瑜伽者瑜伽，各承宗派，集眾爲寺。基於上述之由，太祖有所禁令或鼓勵。禁令有：1.僧人仍潛住民間，不入叢林者，必梟首以示眾，收留者流三千里。2.不許民間世俗傚瑜伽者，執行法事儀軌，若有者，罪以遊食。另外，鼓勵僧人不居市纏、不混時俗，深入崇山刀耕火種，侶影伴燈，甘苦空寂寞於林泉之下。隔月，太祖又清理天下寺觀，不許僧人與民間雜處。由此可見一斑，太祖堅持僧俗隔離之意圖。

　　二十七年太祖又下令，欲整肅僧人風氣，列出僧侶應合避或趨向者。應合避有：1. 不許以化緣爲由，奔走市村；若犯，治以敗壞祖風之罪。2. 重申由砧基道人處理寺院與官府之事；且不許僧人著僧服入公廨跪拜，若己身有犯，應先去僧服方可擒拿，由此窺出太祖對佛教有某程度的尊重。3. 不准住

持、散僧等結交官府、悅俗爲朋，敢如此者，治以重罪。4. 僧有妻妾，許諸人捶辱，或可向他索取鈔錢，若無鈔者，打死勿論。可趨向者：1. 僧處於市者，定要三十人以上聚成一寺，以便管理。2. 一、二人幽隱於崇山深谷，必欲修行者，允許之。3.有妻室僧人，願還俗者，聽；願棄離者、修行者，亦聽。〔註25〕上述資料出於《續集》，同年在《會典》亦有類似記載，《會典》比《續集》只多出不准收留民間兒童爲僧；若違者，兒童父母需坐以罪。此外，強調一、二人可以崇山深谷修禪，而三、四人不許。爲何一、二人聽，而三、四人不許？由此似可反映，太祖畏懼宗教如在深山崇谷時，容易凝聚成一股團體力量，處於政府不易控制的情況之下。

歸納上文主要內容：

（1）禁僧道齋、醮，及白蓮社、明尊教、白雲宗等某些儀式活動，以妨左道惑眾。

（2）不許僧人與官府結交往來，所以設砧基道人以供應差。

（3）不斷強調且嚴禁僧俗混淆、雜處民間、悅俗爲朋，不許以化緣爲由奔走市村，及不准強求人財，令僧徒住叢林或入深山崇谷修行。

（4）不許僧人有妻室。

（5）不准僧道等妄爲論議。

若犯禁令者，皆治以重罪，此爲太祖一向嚴刑懲罪的特色。

爲何太祖堅持要僧、俗隔離？除上文所言政治原因（懼宗教與民間力量結合）等外，或與太祖曾出家爲遊方僧的經歷有關，可能曾睹見冒假僧人或僧俗混雜之弊害。加上太祖認爲「奈何僧多不材」，若僧與俗混雜會敗壞俗人對僧侶之好感，故堅持採僧、俗隔離政策。因此太祖很有自信地說：「僧若依朕條例，或居山澤、或守常住、或遊諸方，不干於民，不妄入市村，……行之歲久，佛道大昌。」是知太祖顯然是爲防止宗教與民眾結合，而對佛道二教採隔離政策。龍池清指出這是太祖管制佛教的基本原則。〔註26〕雖然，明太祖未採毀佛政策，但令僧人遠離社會大眾，鼓勵趨向山林靜修的「山林佛教」，使僧眾意識遠離社會、模糊了社會關懷，淡化宗教對社會的責任，忘了宗教師利他的使命，令宗教成爲社會可有可無的附屬品，迷失宗教的功

〔註25〕僧侶應合避或趨避之事項，見註14，頁259～260。

〔註26〕龍池清：〈明代の瑜伽教僧〉，《東方學報》，1940年，第11卷，第1號，頁406。

能及存在之意義。此風沿襲至清末民初，在那風起雲湧的時代，僧徒嚴重地與社會脫節，無法回應時代需求。張之洞（1837～1909）倡議「廟產興學」，引發民初交相迭起之教難，〔註27〕乃而有太虛以「人生佛教」爲主的佛教改革運動。〔註28〕

二、立僧官制

　　明代僧官制非明太祖始創，乃集前人大成之產物。〔註29〕從初創到井然有序，如同中央集權之組織，〔註30〕亦非一步可成，詳見下表：

表三：僧官建制興廢

洪武紀年	內　　容	出　　處
元年正月庚子（1368）	立善世院，以僧慧曇領釋教事。	卷29，頁500
四年十二月戊甲（1371）	革僧道善世、玄教二院。	卷70，頁1312
六年（1373）	時崇向釋老，徒眾日盛，上令郡縣擇有戒行者領其事。	《續集》頁234
十四年十二月甲戌（1381）	革善世、玄教二院	卷140，頁2214
十五年四月辛巳（1382）	正式建立僧官制	卷144，頁2262～2263。《續集》記十四年，今依龍池清等人論說（見下文）。
十五年四月	准吏部咨除授各僧、道錄司資本部知會僧錄司左善世戒資、右善世宗泐、左闡教智輝、右闡教仲羲、左講經玘太樸、右講經仁一初、左覺義來復、右覺義宗崆。禮部爲欽依，開設僧道衙門事，今將定列本司官員職掌事理。	《續集》頁246

〔註27〕同〈緒論〉所言，如廟產興學、反宗教運動等。

〔註28〕冉雲華：〈太虛大師與中國佛教現代化〉，《中國佛教文化研究論集》（台北，東初出版社，1990年），頁221～235。

〔註29〕謝重光、白文固：《中國僧官制度史》（西寧，青海人民出版社，1990年），頁2。

〔註30〕野上俊靜：〈明初の僧道衙門〉，《大谷學報》，1950年，第27卷，第1期，頁11～12。

十五年六月乙未	革天下附郭縣僧會、道會二司，僧道悉屬本府僧綱道紀司	卷 146，頁 2289
二十一年二月甲戌（1388）	天界寺災，遷僧錄司於天禧寺，先是設僧錄司於天界寺，至是以寺災遷之。	卷 188，頁 2828。《續集》頁 253 與此略同。
二十一年八月	增設僧司，舉選通佛法的僧，發來考試，除授他去。	《續集》頁 254
二十五年十月丙午（1392）	正六品僧錄司左右善世，祿月米一十石；從六品僧錄司左右闡教，祿月米八石；正八品僧錄司左右講經，祿月米六石五斗；從八品僧錄司左右講義，祿月米六石；從九品僧綱司都綱，祿月米五石；未入流僧綱司副都綱、僧正司僧正、僧會司僧會，俱不給俸。	卷 222，頁 3252～3257
二十五年十二月	僧錄司左善世夷簡等於奉天門欽奉聖旨，各處有通佛法性理高僧，訪問得幾人，取將來善世寺住。	《續集》頁 258
二十六年（1393）	令各布政司并直隸直府、州、縣，申呈開設僧道衙門，保舉到僧人，箚付僧錄司，……考試，如果中式，就申吏部施行。	《會典》頁 1578
二十七年（1394）	命僧錄司行十三布政司，選僧補官，於是居頂、道成、淨戒等應召除授。	《續集》頁 259

在〈緒論〉裡已言及明初佛教少有人研究。若有，其成果大多集中於此，如機構設立及革除的時間，僧官的選拔、任務職掌、品位、秩俸，和僧道衙門的結構等。

關於何時革善世院，《太祖實錄》四年、十四年皆有記之；又何時設僧錄司？《釋氏稽古略續集》云十四年，〔註31〕而《太祖實錄》言十五年；另外見〈表一〉有提到五年時命僧、道錄司造周知冊。對上述時間之考異，龍池清〔註32〕及清水泰次〔註33〕皆有論說，認為十四年革善世院、成立僧錄司，十五年僧錄司頒行實施。

至於僧官制度的歷史背景，其起源、性質等問題，謝重光和白文固有詳細說明，明確指出僧官制是「（世俗）政權不可能容許教團完全自治（允許部

〔註31〕同註 14，頁 244～246。
〔註32〕龍池清：〈明代の僧官〉，《支那佛教史學》，1940 年，第 4 卷，第 3 期，頁 37～40。
〔註33〕清水泰次：〈明代佛道統制考〉，《東洋史會紀要》，1937 年，第 2 期，頁 6～9。

分自治），它必然要尋找一種重新把教團置於自己掌握之中的途徑。」〔註 34〕另外關於明代僧官制的結構、職掌，除謝重光等有詳介外，尚有間野潛龍指出洪武僧官由不支給俸到給俸，此改革象徵僧官由名譽職的地位，轉成為實官之意味。〔註 35〕間野氏此說有待商榷，僧官不給俸並不代表它就是「名譽職」，因為仍有職有掌；若無職掌，雖給俸也不表示是實官。筆者以為昔日的無給俸只是尚未將僧官完全納入官僚體系，後來太祖將其完全納入體制罷了。龍池清詳介人員編制、職掌並多作考異。〔註 36〕野上俊靜指出其組織架構之完整，由中央到地方、由內到外的層層下達，可看出是一個井然有序的中央集權組織，這是元代以前未曾具有的完備制度。〔註 37〕

　　歸納上文，可將太祖所立僧官制整理如下：

表四：僧官層級

層　　級		機　　構	官　　員	品　　位	俸　　額	執　　掌	僚　　屬	備　　註
中央		僧錄司	左右善世	正六品	月米十石	掌天下僧教事	吏牘以僧人為之；從者以佃戶充之。	出處同表三；十五年僧官建制時，未給俸，到二十五年時方給俸。
			左右闡教	從六品	月米八石			
			左右講經	正八品	月米六石五斗			
			左右覺義	從八品	月米六石			
地方	府	僧綱司	都綱	從九品	月米五石	掌本府僧教事	無	
			副都綱					
	州	僧正司	僧正	未入流	不給俸	掌本州僧教事		
	縣	僧會司	僧會			掌本縣僧教事		

　　此外，由上文亦得知太祖之立僧官制，是在沿襲前人中有創新，確立中央集權的僧官系統，為妨一人專權，故僧錄司採雙首長制，是集權中有制衡。在表三《續集》與《實錄》皆提及「在京、在外僧道衙門，專一簡束僧道，務要恪守戒律、闡揚教法。如有違犯清規、不守戒律及自相爭訟者，聽從究治，有

〔註 34〕同註 29。頁 10。

〔註 35〕間野潛龍〈中國明代の僧官にいて〉，《大谷學報》，1956 年，第 36 卷，第 3 期，頁 55。

〔註 36〕龍池清：〈明代の僧官〉，《支那佛教史學》，1940 年，第 4 卷，第 3 期，頁 40～43。

〔註 37〕同註 30，頁 11～12。

司不許干預。如犯姦盜非爲，但與軍民相涉，在京申禮部酌審，情重者送問。在外即聽有司斷理。」由此窺見，太祖允許教會存有部分司法權，僧人未犯與軍民相干者，有司不得與焉。此可言，太祖在隔離政策下給予佛教部分自治權。

雖有上述前人研究成果，但很少涉及太祖立僧官制之主要意圖。一般皆言太祖立僧官與其中央集權之統治有關，亦即佛教也是一個井然有序的中央集權組織。但不可忽略，太祖立嚴密的僧官制仍然離不開其政策的基本原則——僧俗隔離。

在表二「僧道禁例表」，見到洪武二十四年七月「僧錄司差僧人將榜文去，清理天下僧寺，凡僧人不許與民間雜處。」又在同年六月「僧錄司一如朕命，行下諸山，……自經兵之後，僧無統紀。……僧會司驗本縣僧人，雜處民間者，見其實數，於見有佛到處，會眾以成叢林，清規以安禪。」由上例證之，太祖立僧官，以僧治僧，不單只爲統制僧侶，主要透過僧官的監督，達到僧、俗隔離之目的。故在表三：「僧官建制興廢表」裡所言僧官的執掌「設置僧道衙門，以掌其事務，在恪守戒律，以明教法」、「檢束諸山僧行，不入清規者以繩之。」這些不外乎是要透過僧官制度檢束僧人不居市區、不混時俗、深入崇山、刀耕火種，或住叢林，侶影伴燈，甘苦空寂寞於林泉之下，或叢林中，使其政策得以實施執行。

三、清理寺觀

寺觀是宗教弘法的據點，於宗教傳播上佔一席重要之位，故在第四章以南直隸爲例，專闢一章探討洪武時代寺院分布概況。在此，先言太祖清理寺觀，見下表：

表五：清理寺觀

洪武紀年	內　　　容	出　　處
六年（1373）十二月戊戌	上以釋老二教近代崇尚太過，徒眾日盛，安坐而食，蠹財耗民，莫甚於此。乃令府州縣止存大寺觀一所，併其徒而處之，擇有戒行者領其事。	卷86，頁1537
十五年三月（1382）	天下僧道的田土，法不買賣。僧窮寺窮常住田土不許賣。如有似此人，籍沒家產。	《續集》頁246
二十四年六月丁巳（1391）	自今天下僧道，凡各府、州、縣寺觀雖多，但存其寬大可容眾者一所，併而居之，勿雜處於外與民相混。違者治以重罪，親故相隱者，流；願還俗者，聽。	卷209，頁3109。《會典》，頁1577與此略同。

二十四年七月丙戌	詔天下僧道有刱立庵堂寺額非舊額者，悉皆毀之。	卷210，頁3125。同上。
二十七年（1394）	勿得私創庵堂。	《會典》頁1576

　　由表中推知太祖清理寺觀的方式有二：一是集中管理，如「令府州縣止存大寺觀一所，併其徒而處之，擇有戒行者領其事。」為何要寺院合併，或亦可言是太祖為使非住在深山崇谷的僧人，能集中管理。二是限制發展，如「天下僧道的田土，法不許買。僧窮寺窮常住田土不許賣」、「勿得私創庵堂」等。故太祖言歸併不許新創，亦不盡為撤毀（毀撤者為非舊額）。同時亦限制僧道田土不許買賣，此作為是保護（因不准賣，所以僧道的田土不會流失），亦是抑制（因不准買，故寺院田產不會增加）。由此窺知太祖對釋道的整理，是限制其發展，但不加以禁絕。〔註38〕

　　此外，亦可發現太祖清理寺觀之意圖有三。一為社會因素：「以釋老二教近代崇尚太過」有違社會風氣；二是經濟因素：「徒眾日盛，安坐而食，蠹財耗民。」此外，仍是不離太祖佛教政策之基本原則——僧俗隔離，如上表「併而居之，勿雜處於外與民相混。」為達到目的，不惜處以重罪，如果不能過與俗隔絕的僧侶生活，太祖允許還俗。

四、類別、服飾之制定

　　佛教流傳至唐，盛行八大宗。宋時八宗不顯，代以禪、講（教）、律，太祖以教代律，此時之「教」非指佛陀教理言說，而是法事儀軌。

　　十五年（1382）五月「禮部照得佛寺之設立，代分為三等：曰禪、曰講、曰教。其禪不立文字，必見性者方是本宗；講者務明諸經旨義；教者演佛利濟之法，消一切現造之業，滌死者宿作之愆，以訓世人。……見除僧行果為左闡教，如錦為右覺義，前去能仁開設應供道場。凡京城內外大小應赴考院僧，許入能仁寺會住看經，作一切佛事。若不由此，另起名色私作佛事者，就仰能仁寺問罪。若遠方雲遊、看經抄化及百姓自原用者，不拘。」〔註39〕同年十一月接著又「定天下僧道服色。凡僧有三：曰禪、曰講、曰教。禪僧

〔註38〕朱鴻：〈明太祖與僧道〉，《師大歷史學報》，1990年，第18期，頁71，朱鴻亦有此看法。

〔註39〕同註14，頁246。

茶褐常服、青條玉色袈裟；講僧玉色常服，深紅條淺紅袈裟；教僧皂常服，黑條淺紅袈裟。僧官皆如之，惟僧錄司官袈裟，緣紋及環皆飾以金。」〔註40〕

　　為何要設立教僧呢？龍池清對此解釋的理由有二：一為世俗的教化（此教化是藉佛事以圖善導人心的安定），不過當時由於僧俗混淆，故頒布三宗制度（禪、講、教），完全以教僧來擔任世俗的教化。二是元末有假借佛教名義，模仿法事，為害治安，擾亂民心，太祖當時為管理之，乃直接規定，為應付世俗需要，而需作佛事之事全交給教僧處理。〔註41〕從十五年頒定，至二十五年仍再下詔禁之：「曩者民間世俗，多有效僧瑜伽者，呼為善有友，……今後止許僧為之，敢有似前如此，罪以遊食。」〔註42〕可見太祖對此之重視。

　　定佛教類別外，同時也規定僧道服色。陳連營認為「僧道服飾有定式，是太祖把世俗等級制推行於二教」；〔註43〕而依龍池清之意是為避免三宗之混淆。〔註44〕依筆者看法，太祖未必是要把世俗等級推行於二教，而是為了便於管理，是基於政治因素而有此作為。因太祖不許僧、俗雜處，只有教僧可應民眾之要，而與民眾接觸，故須區分禪、講、教服飾。至於龍池清則只是言及為避免三宗混淆而已，而未再深一層探究為何如此，其實太祖仍是不許僧、俗雜處，但基於事實需要，只應許教僧與民接觸，故需規定僧道服色避免三宗混淆，以達僧、俗隔離之目的。

五、規定法事儀軌與價格

　　此項為何列在隔離政策？太祖為達僧、俗隔離，採三宗分流（禪者禪、講者講、瑜伽者瑜伽），只有教僧為應世人需要，可以作經懺佛事與民接觸，其他二宗則不准。既然只有教僧可與民接觸，為防範其與民眾結合成一股政治力量，必須對教僧設有一套規範與限制。如限定誦經價格是防教僧向民索財過高，以積聚財富。而法事儀軌之規定是為防教僧以「左道邪術」（如書符水、咒術等）惑眾。簡言之，此類為太祖對儀式之限制，包括執行者（不許民間世俗仿效瑜伽者，只許僧行之）、格式、價錢皆有規定。詳見下表：

〔註40〕《明太祖實錄》，卷150，頁2368。

〔註41〕同註26，頁407～409。

〔註42〕同註14，頁256。

〔註43〕陳連營：〈試論明初洪武年間對佛道二教的整頓和管理〉，《史學月刊》，1991年，頁41。

〔註44〕龍池清：〈明初の寺院〉，《支那佛教史學》，1938年，第2卷，第4號，頁19。

表六：定法事儀軌、誦經價格

洪武紀年	內　　容	出　　處
五年（1372）	命宗泐撰獻佛樂章，既成，呈進。署名一曰善世曲、二曰昭信曲……敕太常諧協歌舞之節用之，著爲定制。	《續集》頁 232
十六年五月（1383）	即今瑜伽、顯密法事、儀式及諸眞言密咒，盡行考較隱當，可爲一定成規，行於天下諸山寺院永遠遵守。爲孝子順孫愼終追遠之道，人民州里之間祈禳伸請之用。……俱各差僧赴京，於內府關領法事儀式，回還習學後三年。凡持瑜伽教僧赴京試驗之時，若於今定成規儀式通者，方許爲僧。若不省解，讀念且生，須容周歲再試。若善於記誦，無度牒者，試後就當官給與，如不能者，發爲民。	同上，頁 248
二十四年六月丁巳（1391）	爲孝子慈孫演誦經典，報祖父母者，各遵頒降科儀，勿妄立條彙，多索民財，及民有效瑜伽教，稱爲善友……皆治以重罪。	卷 209，頁 3110。《會典》頁 1576 與此略同。
二十四年六月	一、顯密之教、軌範科儀，務遵洪武十六年頒降格式。內其所密者，惟是所以曰密，其餘番譯經及道場內接續，詞情懇切，交章天人，鬼神咸可聞之者，此其所以曰顯。於茲科儀之禮，明則可以達人，幽則可以達鬼，不比未編之先，俗僧愚士妄爲，百端訛舛規矩，貽笑智人、鬼神不達。此令一出務謹遵，勿增減爲詞，訛舛紊亂。敢有違者，罪及首僧及習者。 二、定各種價格。	《續集》頁 255～256

　　太祖爲甚麼要規定儀式等呢？依龍池清看法，認爲太祖要規範教僧而有此等儀式之限制。〔註45〕前已述及，本來太祖不准僧俗接觸，後開例允許教僧應世俗之需，爲孝子賢孫演誦經典，報答祖、父母之恩。雖然開例仍需詳加規範教僧所演練的儀軌、法事及價格，以便管理之，於是設有如此的一套政策。

第四節　太祖的佛教懷柔、禮遇政策

一、廣薦法會

　　法會是佛教儀式之一，又作法事、佛事、齋會之稱。乃爲講說佛法及供

〔註45〕同註12，龍池清著，頁 29。

佛施僧等所舉行之集會，其目的不外祈福、消災等。「洪武五年（1372）春，即蔣山寺廣薦法會」〔註46〕二十七年（1394）七月「征南陣亡病故的官員軍士，就靈谷做好事、普度他。恁禮部用心整理。」〔註47〕

　　除上述條文外，滋賀高義從高僧傳中收集到洪武元年、二、四年太祖皆有啓建法會的紀錄。〔註48〕從元年至五年，在五年內太祖啓建四次法會，故可說其「廣」薦法會。茲賀氏認為「法會」屬於太祖「柔」的佛教政策之一，含有懷柔高僧之意味，且借此超度戰歿亡魂以收攬民心。〔註49〕滋賀高義所言不差，此為太祖懷柔政策之一。

　　太祖數度召開法會於蔣山，朱鴻認為這是尊禮江浙高僧，同時在行禮如儀的過程中，也突顯出太祖為宗教領袖之地位，是位天下歸心的得道真命天子，集政權、教權於一身。〔註50〕可惜朱鴻未舉例證說明在行禮如儀的過程裡，其儀式如何突顯太祖是佛教領袖之地位，故此說尚待資料補充說明之。

二、遣僧出使

　　在中國歷史上，如太祖多次遣僧出使異域，充當和平使者確實不多。詳見下表：

表七：遣僧出使

洪武紀年	內　　　容	出　　　處
三年六月癸亥（1370）	命僧克新等三人往西域招諭吐番，仍命圖其所過山川地形以歸。	卷53，頁1036
四年十月癸巳（1371）	日本國王良懷遣臣僧祖來進表箋貢……遣僧祖闡、克勤等八人護送還國。	卷68，頁1282
十一年十二月戊辰（1378）	遣僧宗泐等使西域。	卷121，頁1966
十七年正月己巳（1384）	遣僧智光等使西天尼八剌國。	卷159，頁2462

　　由資料知太祖遣僧出使的地點有西域的吐番、西天尼八剌國、日本等，

〔註46〕同註14，頁232。
〔註47〕同註14，頁260。
〔註48〕同註9，頁206～236。
〔註49〕同註9。
〔註50〕同註38，頁69。

有學者亦將西寧列入，恐不甚妥當。〔註51〕太祖確實曾對西寧採用佛教羈縻政策，但尚未找出曾遣僧出使西寧的文獻。

遣僧出使之由，一方面因俗爲教（當地崇佛），以宗教力量安撫之，如太祖曾言：「念其（日本）俗侫佛，可以西方教誘之也。」〔註52〕同時亦兼具禮遇高僧之效果，實爲一石兩鳥之策。

三、敕建與賜物

太祖的佛教政策，有其兩面性，一面管制一面贊助，所謂剛柔並濟，此項即是「柔」的政策之一。詳見下表：

表八：敕建與賜物

洪武紀年	內　　容	出　　處
十四年九月己亥（1381）	太平興國禪寺在寶珠峰之陽，住持僧仲羲奏請遷之，遂詔改建於京城東，獨龍崗之左，……賜額曰靈谷，榜其外門曰第一禪林，又賜田一百五十餘頃。	卷 139，頁 2189。《續集》頁 244 與此略同。
十六年八月甲子（1383）	建鳳陽大龍興寺……賜名曰大龍興寺……上自爲文記之……賞工匠士卒鈔二十五萬三百有奇。	卷 156，頁 2430
十八年十月丁巳（1385）	詔建雞鳴寺於雞鳴山，以祠梁僧寶公。	卷 176，頁 2674。《續集》頁 249 與此略同。
十九年八月（1386）	雲南僧人性海等回還，詔旨遞運船隻，令兵部施行。	《續集》頁 252
二十一年二月甲戌（1388）	重建天界善世禪寺於城南。……改賜曰大天界寺，御書天下第一叢林榜於門外……十五年毀於火，上命徙於京城南定林寺故址。	卷 188，頁 2829
	能仁寺燬於火，主僧行果請徙今地，詔從之。	
二十一年	教二部做與綿布僧衣，欽此移咨二部造辦僧衣三十六名。	《續集》頁 254
二十六年七月壬申（1393）	賜天界、天禧、靈谷、能仁、雞鳴五寺蘆柴地四十七頃有奇。	卷 229，頁 3357

〔註51〕同註38，頁 72，無西寧而朱鴻將其納入。
〔註52〕清・張廷玉等：《明史・外國三》，卷 322，頁 8342。

二十八年 （1395）	賜善世、天禧等寺糧米，以給其糧，賜僧錄司官大佑袈裟衣衾。	《續集》頁260
三十一年 （1398）	於江東驛、江淮驛兩處蓋兩座接待寺，著南北遊方僧道往來便當。	《續集》頁261

由上表歸納太祖敕建、賜物有下列幾種：

1. 詔建或重建：十四年下詔太平興國禪寺改建於城東，賜名靈谷寺，成為明代官寺之一。十六年在其故鄉鳳陽敕建大龍興寺。十八年詔建雞鳴寺，二十一年重建天界寺。太祖於生命中最後一年，詔建接待寺，方便南北遊方僧的往來。

2. 賜田：除敕建外也賜田於官寺，如十四年賜田一百五十餘頃給靈谷寺等。

3. 賜衣、糧、交通工具等：由資料知太祖曾兩次賜衣及袈裟；此外，亦曾賜糧米給善世、天禧等寺；亦對某些僧人相當禮遇，如性海等欲回雲南，令兵部供給船隻。

故知太祖在「柔」的佛教政策方面，亦有相當的作為。

三、祭祀僧人

這也是太祖禮遇僧人方式之一，洪武十八年（1385）三月「右覺義病故，恁禮部辦素祭去祭祀他。令祠部備祀庫支價買祭物去祭祀。」[註53] 同年十一月「左講經如今日下葬，恁禮部官便去祭祀。……仍御製祭文。」[註54] 二十九年（1396）十一月「靈谷寺住持病故，恁禮部與祭祀。本部辦素祭，遣官致祭。」[註55] 有職位僧人或官寺住持病故，太祖命祠部備祭物、禮部去憑弔，亦可視為太祖將方外的僧人納入官僚體制下，此為處理臣屬病故的方式之一。

此外，在《釋氏稽古略續集》尚見到「禮部奏，據僧性海等告，給護持山門榜文與寺家張掛，禁治諸色人等，勿得輕慢佛教，罵詈僧人，非禮攪擾。違者，本處官司約束。欽此欽遵，出給榜文，頒行天下各寺，張掛禁約。」[註56] 太祖頒發護持山門榜文與寺家，以護僧人，此亦太祖佛教政策的另一面。

〔註53〕同註14，頁249。

〔註54〕同註14，頁250。

〔註55〕同註14，頁261。

〔註56〕同註14，頁252。

第五節　太祖佛教政策背後因由之探討

前輩研究焦點，大多止於探討佛教政策而已。筆者以爲太祖的佛教政策，可謂集前人大成而更爲完備，究竟有何因素影響其制訂，筆者認爲有三，下文一一論介：

一、傳統政權大於教權之影響

中國自商周以來，宗教未獨立於政治體制以外，天子就是大祭司。歷年來不乏學者對中國政教關係作研究，如楊慶堃指出中國的宗教，不是由於缺乏中心組織而退處社會從屬的地位（如道教與佛教），便是因爲處於儒家政府非宗教性的控制與壓迫下而居弱勢（如祭天與祖先崇拜）。〔註57〕

Arthur Wright 以隋文帝爲例，說明他必須先統一分岐的政治、文化之後，才可能進一步建立隋的大一統。於是在各種情境下，利用儒、釋、道作爲統一的工具。雖然文帝是一位虔誠的佛教徒，但自始至終佛教都是在政府的控制、朝廷對佛教的支持、以及對佛教的利用下而發展。〔註58〕

Daniel Overmyer 以《禮記》、《大明會典》等資料，探討中國政府對民間信仰的態度。首先政府認爲在人間社會，政府是宇宙秩序的代表者，政府有權利扮演維持秩序的角色，以促進社會和諧，故認同某些祭祀使之合法化，同時也禁止淫祀的祭祀。第二，人鬼之道，幽明雖殊，其理則一，故政府不只統治人間，也統轄他道。Overmyer 亦指出，政府企圖控制宗教，但其理想與現實仍有差距。不過，大體而言政權高於教權仍是不爭之事實。〔註59〕Overmyer 所言不差，以明代僧道司之官品只維持在六品至九品之間，則可想而知教權地位之低。

上述所言，大體不爲過。尤其是體制化的宗教如釋、道，若要弘揚發展，則必須得到政府當局的認同、支持，同樣地，亦受到控制。誠如道安（312～385）所云：「不依國主則法事難立。」〔註60〕以佛教而言，傳入中國後於其

〔註57〕楊慶堃：〈儒家思想與中國宗教之間的功能關係〉，收於段昌國等譯《中國思想與制度論集》（台北，聯經出版社，1979年），頁319。

〔註58〕Ar thur Wright 著，段昌國譯：〈隋代思想意識的形成〉，收於《中國思想與制度論集》（台北，聯經出版社，1979年），頁77～122。

〔註59〕Daniel Overmyer, "Attitudes Towards Popular Religion in Ritual Texts of the Chinese State," *Cahiers d'Extreme Asie* ,5（1989～1990），p191～221。

〔註60〕《高僧傳・釋道安》卷五，收於《大正藏》第50冊（台北，新文豐出版社，1983年），頁352a。

發展過程，亦受到國家權力對其之限制或影響，而改變佛教之體質，成為中國化的佛教。故鐮田茂雄稱中國佛教為「國家佛教」，〔註61〕此言誠不虛。

在政權高於教權的背景下，歷年來政府對佛教都有一套管理政策，〔註62〕故明太祖可奠於前人基礎，再加補充，而立下完備的規模。如僧官制就有其源遠流長的背景，出現於東晉十六國時期，至明行之已達千年，各朝代的僧官制都有其特色，但明代更強化僧官制度。如從中央到地方、邊疆地區（如新疆、青海等）都有一套完整的僧官體系，所以白文固說：「建立如此嚴密的、綱目齊備的僧司網絡是以往各朝不多見」。〔註63〕又明代各級僧官有明確的品階、俸祿等規定，這對以往各朝來說是個例外，也是個發展，表示明朝僧官機構更衙門化、僧職更官吏化。故言，洪武年間對釋道二教的整頓和管理，可謂集前人大成。

二、元代宗教問題之影響

《元史‧釋老傳》序文：「釋老之教行於中國」已有千數百年，然其盛衰繫於時君好惡……元之興也，崇尚釋氏，帝師之盛，不可同日而語。」〔註64〕趙翼又云：「古來佛事之盛，未有如元朝者……元亡天下，大半亡於僧。」〔註65〕

為何有如上說法呢？原來元代對佛教採祖護政策，尤其縱容喇嘛教，元武宗曾下令：「凡民毆西僧（喇嘛僧）者截其手，詈之者斷其舌。」〔註66〕雖然此令後來未施行，亦可窺見元朝對喇嘛教之祖護。又文宗時在天下鬧饑荒之際，陝西路饑民有百二十三萬四千餘口、江浙饑民有六十餘萬戶，大都等地饑民有六十七萬六千餘戶，此時竟還傾國庫營造大承天護聖寺。〔註67〕

〔註61〕鐮田茂雄著、關世謙譯：《中國佛教史》第一卷（高雄，佛光出版社，1985年），頁3。
〔註62〕歷年來討論政府對佛教管理的著作頗多，專書如前引書《中國僧官制度史》；陳瓊玉：《唐代佛教與政治經濟的關係》（師大歷史研究所七一年碩士論文）；單篇文章如程民生：〈略論宋代的僧侶與佛教政策〉，《世界宗教研究》，1986年，第4期，頁49～59；謝重光：〈唐代佛教政策簡論〉，《世界宗教研究》，1988年，第3期，等不勝枚舉。
〔註63〕同註29，頁231。
〔註64〕《元史‧釋老傳》（中華書局），頁4517。
〔註65〕趙翼：《陔餘叢考》（石家庄，河北人民出版社，1990年），卷18，頁291。
〔註66〕《元史‧武宗本紀》，元至大二年（1309）六月癸亥條，（中華書局），卷22，頁512。
〔註67〕《元史‧文宗本紀》，天曆二年（1329）四月癸卯至五月乙丑，（中華書局），

　　依大藪正哉及鄭素春之研究，元代的宗教態度受成吉斯汗影響很大——應尊敬所有宗教不能有差別及規定所有宗教家免以租稅賦役。〔註68〕有元一代，因爲有如上規定，加上皇室崇佛，故教團不斷擴大，到元代中期，就有僧尼總數號稱百萬數字出現，〔註69〕除廣大寺田免稅外，又皇室歷年來爲修功德作佛事、建寺宇耗盡大量金錢。〔註70〕這些對國家財政而言，不啻是一負影響。

　　白蓮教〔註71〕源於何時、何人，學者說法不一。如李守孔並未明說源於何時，但由文意推知約在隋唐或更早。〔註72〕而重松俊章言白蓮教發生於南宋，由茅子元（1086～1160）倡導。〔註73〕馬西沙觀點與重松俊章相同。〔註74〕此外，Haar綜合近代學者之研究，說明白蓮教此名稱可溯到初唐，〔註75〕而以「自稱」（autonym）、「標籤」（label）的觀點，推翻從東晉慧遠到義和團有一個白蓮教傳統。〔註76〕馬西沙認爲白蓮教到元代時與淨土宗已有異同之別，同的是皆以彌陀信仰爲主，異的是白蓮道人據寺爲家，娶妻生子，爲正統佛教諸宗及寺院所不承認。故白蓮教有相似佛教的內容，但非佛教之宗派，也因其相似常被政府誤認爲佛教。後來其發展亦呈現兩種趨勢，一些白蓮道人以茅子元正統自居，在政治上與元當局合作；另外一批人則背離茅子元倡教宗旨，採取反抗元

　　　　　卷33，頁733～734。

〔註68〕大藪正哉：〈元朝の宗教政策〉，《元代の法制と宗教》（東京，秀英出版社，1983年），頁279；鄭素春：《全眞教與大蒙古國帝室》（台北，學生書局，1987年），頁54。

〔註69〕中村元著，余萬居譯：《中國佛教發展史》（台北，天華出版社，1984年），頁451。

〔註70〕郭朋：《宋元佛教史》（福州，福建人民出版社，1985年），頁177～183有介紹元朝各帝因崇佛事跡所耗的金錢；又趙翼《陔餘叢考》，卷18，〈元時崇奉釋教之濫〉，頁288～291，亦有詳介之。

〔註71〕學者對「白蓮教」此專有名詞認識不一，如 Susan Naouin, "The Transmisson of White Lotus Sectarianism in Late Imperial China", in David Johnson, Andrew Nathan & Evelyn Rawski, eds., *Popular Culture in Late Imperial China*（Berkelyer, 1985），將一些民間教派如八卦教等，亦列爲白蓮教，而有誤用之嫌。

〔註72〕李守孔：〈明代白蓮教考略〉，收于包遵彭編：《明代宗教》（台北，學生書局，1969年），頁17。

〔註73〕重松俊章著、陶希聖譯：〈初期的白蓮教會——附元律中的白蓮教會〉，收於藍吉富編：《中國佛教史論集》（台北，華宇出版社，1987年），頁278。

〔註74〕馬西沙：《中國民間宗教史》（上海，人民出版社，1992年），頁6，〈序言〉。

〔註75〕Ter Harr, *the White Lotus Teachings in Chinese Religious History*（New York, Koln. 1992年），p2。

〔註76〕同註75，p1～16。

政權之路。〔註77〕

　　元朝雖對所有宗教給予傳教自由，惟對白蓮教或白蓮宗等的宗教結社，認爲它們是有叛亂嫌疑，而經常下達禁止白蓮佛教的法令。如《大元通制條格》卷二八，世祖至元十八年（1281）三月「指白蓮會爲名作亂。照得江南見有白蓮會等名目……一切左道之術，擬合禁斷。」又如《元史・武宗本紀》卷二十二，武宗至大元年（1308）五月丙子「禁白蓮社，毀其祠宇，以其人還民籍。」再如《元史・英宗本紀》卷二十二，英宗至元二年（1336）閏五月「禁白蓮教佛事」。〔註78〕雖不斷禁止之，但元中葉後民生困苦，白蓮教亂相繼而起。〔註79〕順宗時黃河氾濫，徵役修築，引起白蓮教首韓山童等叛亂，此舉一發不可收拾，朱元璋借用白蓮教之勢建立大明帝國。〔註80〕

　　由上知之，元代不當的宗教政策，成爲其覆滅重要因素之一。借宗教勢力而建國的朱元璋，深知宗教若與民眾結合，將是一股不可忽視的力量。元世祖時禪僧印簡（1202〜1257）即慨嘆：「我觀今日沙門，少護戒律，學不盡禮，身遠於道。」〔註81〕之後，元代教團又不斷膨脹，僧徒素質更低落，武宗時監察御史張養浩上時政書，批評佛教說：「今釋氏之徒蓄妻、育子、飲醇、啖腴。」〔註82〕再逢元末兵亂，寺院破壞，僧人四散甚而僧俗雜處，加上即位後教亂不斷（臚列如下），使得太祖不得不對宗教付予莫大的關心，而積極整頓管理。

表九：洪武時期佛教亂事

時　間	內　　　容	出　　處
洪武六年（1373）	王佛兒自稱彌勒佛降生，傳寫佛教惑人，欲舉眾爲亂。	卷81，頁1458

〔註77〕同註74，頁137。

〔註78〕此三條資料轉引重松俊章：〈初期的白蓮教會——附元律中的白蓮教會〉，收於藍吉富編：《中國佛教史論集》（台北，華宇出版社，1987年），頁288〜293。

〔註79〕李守孔：〈明代白蓮教考略〉，收于包遵彭編：《明代宗教》（台北，學生書局，1969年），頁17。

〔註80〕同註78，頁21〜29，即介紹白蓮教與建立明帝國之關係。

〔註81〕元念常（生卒不詳）：《佛祖歷代通載》，收於《大正藏》第49冊（台北，新文豐出版社，1983年），卷21，頁703。

〔註82〕清・畢沅（1730〜1797）：《續資治通鑑》（中華書局），卷197，〈元紀〉十五，武宗至大三年（1310），九月壬辰，頁5367。

洪武十四年 （1381）	山民有稱彌勒佛者，集眾惑人。	卷138，頁2181
洪武十九年 （1386）	妖僧彭玉琳等謀亂。玉琳福建將樂縣陽門庵僧，……自號彌勒佛祖師，燒香聚眾作白蓮會……遂同謀爲亂。	卷178，頁2692
洪武二十年 （1387）	李某，妄稱彌勒佛……因聚眾謀作亂。	卷182，頁2746
洪武二十年 （1388）	縣民有稱彌勒佛教惑民者。	卷190，頁2876
洪武三十年 （1397）	吏高福興、及民人田九成、僧李普治謀爲亂。	卷240，頁3606

按上述資料出於《太祖實錄》，摘錄有關佛教之教亂，其中有些可能是民間教派而被誤認佛教，但被官方認爲其與佛教有關，乃是實情，故亦算之。在如此背景下，太祖鑑於民眾與宗教結合有如此鉅大之威力，故難怪會有整頓佛教的決心出現，而其基本原則亦明確釐訂爲僧俗隔離和限制僧徒活動，是故有上述佛道禁例、僧道給度等等政策的擬定與頒行。

三、太祖思想及對佛教認知之影響

爲何太祖所謂清理佛教，採限制不禁絕而加以利用的政策？朱鴻言四個因素使然：1. 思藉宗教力量籠絡江浙人士；2. 欲由清理釋道，以禁絕白蓮教；3. 藉僧門之力使藩屬歸附；4. 藉宗教神化自己以鞏固統治地位。〔註83〕而筆者認爲，此四個因素皆屬外因，未必是主因。如其所言之一，本祖欲借宗教力量籠絡江浙文士，以爲其所用。此言或有理，但亦可假設太祖可用其它方法籠絡之，不一定非用宗教不可，除非在其思想裡認同某些觀念，裡外相合，方可能採取以宗教爲籠絡的手段。故下文針對太祖思想、認知，探究爲何他會對佛教採管制、隔離、懷柔禮遇政策。

（一）太祖對佛教功能的正面認識

太祖曾撰〈三教論〉〔註84〕指出：佛仙二教「幽而靈」，儒則「張而固」，同是「有益世人，行世實爲天道」。要之，三教之中仲尼之道是顯明而陽德，是「萬世永賴者」，是世教之主。對此，佛仙之道爲幽靈而陰德，可爲「暗助王綱者」，此二者如陰陽二氣，缺一不可，故爲天道。因而述說：「天下無二

〔註83〕同註38，頁75～76。
〔註84〕明太祖：〈三教論〉，《明太祖集》（合肥，黃山書社，1991年），頁214～216。

道，聖人無兩心。三教之立，雖持身榮儉之不同，其所濟給之理一。」終結以「然于斯世之愚人，于斯三教，有不可缺者。」

　　酒井忠夫言太祖的三教思想，不同於前人的三教合一或三教鼎立，而是以儒為中心，佛仙為儒陽互補之陰，而暗助王綱。〔註 85〕除〈三教論〉外，太祖在〈宦釋論〉也同時說：

> 所以佛之道云陰者何？……其聖賢之道（指儒道）為陽教……斯二
> 說，名之則也異，行之則也異，……利濟萬物理亦然也。所以天下
> 無二道，聖人無兩心。〔註 86〕

施政者的政策實施，背後是有其一套理念及思想支撐著，〔註 87〕太祖亦然。他起身草莽，「馬上」得天下，但不能「馬上」治天下，接受儒臣建議以儒道為治國首要，稱它「萬世永賴」。同時，亦肯定佛、仙的政治功能，而說其不可或缺。

　　太祖在其文集不時提及釋教的功能，臚列所舉：

篇　　名	內　　容	出　　處
三教論	暗助王綱益世無窮	《明太祖文集》頁 215
釋道論	暗理王綱于國有補無虧	《明太祖文集》頁 213
諭僧純一敕	陰翊王度	《明太祖文集》頁 156
授善世禪師詔	善世凶頑佐王綱而理道	《明太祖文集》頁 254
御製玄教齋儀文序	益人倫厚風俗	《道藏》15, H-Y467，頁 1
佛教利濟說	以導頑惡	《明太祖文集》頁 338
拔儒僧文	化凶頑為善默佑世邦	《明太祖文集》頁 265

　　太祖為何屢屢言釋教有如上之功能？依筆者分析，有如下之由：

1. 太祖是位有神論者

　　其撰〈鬼神有無論〉說到：「卿云無鬼神，將無畏於天地，不血食於祖宗，是何人哉？今鬼忽顯忽寂，所在其人見之，非福即禍，將不遠矣。」〔註 88〕因天地有神明，人有畏於天地，如俗諺云：「舉頭三尺有神明」，所以對自己舉止

〔註 85〕酒井忠夫：〈明の太祖の三教思想とその影響〉《福井博士頌壽紀念》（東京，福井博士頌壽紀念論文集刊行會，1960 年），頁 248。

〔註 86〕明太祖：〈宦釋論〉，《明太祖集》（合肥，黃山書社，1991 年），頁 227～228。

〔註 87〕同註 58，Arthur Wright〈隋代思想意識的形成〉即在說明此論點。

〔註 88〕明太祖：〈鬼神有無論〉，《明太祖集》（合肥，黃山書社，1991 年），頁 224。

行爲自會警惕。而太祖又相信佛之道「舉以鬼神，云以宿世，以及將來……」所以「今世之愚頑，慕而自化之」。〔註89〕在〈諭僧純一敕〉，太祖亦提到：使鬼神護衛、聽從，故世人良者益多，頑惡者減少，所以治世人主每減刑法而天下大治。太祖認爲這非君主減刑之用，而是由於佛化博被之然也。〔註90〕

太祖信世上有鬼神，故也重視人死後的安頓，曾言：「兵革之餘，死無後者，其盡無所依……然則鬼乏祭享而無所歸，則必然害。」〔註91〕想必有如此觀念，方有蔣山廣薦法會之舉，借佛教力量安頓亡魂以安定民心。不只如此，對得其死的，爲人子孫也應借法事善送其終。基此觀點，太祖云：

> 僧有禪、有教，道有正一、有全真……而教與正一專以超脫，特爲孝子慈親之設，益風俗……，官民之家，若有喪事，非僧非道，難以殯送。若不用此二家殯送，則父母爲子孫者是不慈，子爲父母是不孝，恥見鄰里。〔註92〕

因佛之道可安撫鬼神，舉鬼神以勸人，太祖相信藉此可收敦人倫、厚風俗、善世凶頑、暗理王綱等效用。

2. 太祖認爲佛教的因緣果報可陰翊王度

由《太祖文集》知有如此觀點，臚列如下：

篇　名	內　容	出　處
1. 宦釋論	談虛無之道，動以果報因緣。是道流行西土，其愚頑聞之，如流之趨下，漸入中國，陰翊王度，已有年矣。	《明太祖集》頁 227
2. 御製授了達德瑄溥洽	若僧善達祖風，演大乘以覺聰，談因緣以化愚，啓聰愚爲善於反掌之間，雖有國法，何制乎？縲紲刑具，亦何以施？豈不合乎柳生之言，陰翊王度。	《續集》頁 242
3. 佛教利濟說	且佛之教，務因緣，專果報，度人之速，甚於飄風驟雨。〔註93〕	《明太祖集》頁 338

太祖相信若僧人善達祖風，以因緣果報化導愚民，則度人之速甚於急風驟雨，何使善者多，惡者少，國家可免設刑具，而達到以其不繩頑而頑化之

〔註89〕同註86，頁228。
〔註90〕明太祖：〈諭僧純一敕〉，《明太祖集》（合肥，黃山書社，1991年），頁156。
〔註91〕《明太祖實錄》，洪武三年十二月戊辰，卷59，頁1155。
〔註92〕明太祖：〈御製玄教齋儀文序〉，收於《道藏》（台北，新文豐出版社）第15冊，H-Y467，頁1。
〔註93〕此段文字在《明太祖集》與明萬寅亮：《金陵梵刹集・欽錄集》（台北，廣文書局），頁48，有差異。依文意推敲以〈欽錄集〉較合理，故依之。

境，收暗理王綱之用，於國有補無虧。

3. 太祖以宗教促進邦交

為甚麼佛教具有政治功能，太祖認為除佛教本身具備因緣果報等觀念，可善世凶頑等功用外，亦可能對於一些崇佛外邦，如表七：〈遣僧出使表〉所列的日本、吐番等能以教化之，達到綏靖邊疆之功，派僧出使即有此意味。

（二）太祖以「護教者」自居

基於現實因素，如「（僧者）聚廬以居，合眾而食，錢穀有出納，簿籍有勾稽，不有所司，何以能治？」〔註94〕故設僧官治之。但他又說其管理目的「使彼學道之徒，安居飽食而不懈於進修，以稱朕興隆爾教之意。」〔註95〕此口吻儼然以護教者自居。授玘太璞為左講經的敕文裡，太祖亦表明設官之意：「僧官以副朝典往化，釋子無怠。講經尚宜以佛之覺覺人，以師之業業己，俾釋子有達憲章，庶不負朕設官之初意也。」〔註96〕

太祖懼佛教與民眾結合成為反動政權的一股力量，故有清理佛教之舉。此外他尚以興隆爾教、俾釋子有達憲章的護教者自居。由此，或能從另一角度了解他為何採取限制而不禁絕的佛教政策。

（三）太祖對僧人的形象（image）

除上之因，若能再探究太祖對僧人之形象，那些是僧人所應為、所不當為，則更能了解太祖清理佛教之政策。應當為的正面行為，如〈拔如僧文〉：「（能）苦空寂寞、忘嗜欲、絕塵事。」〔註97〕〈諭僧純一敕〉：「當深入危山，結廬以靜性，使神遊三界，下察幽冥，令生者慕而死者懷，景張佛教。」〔註98〕而太祖認為僧人不應當為的負面行為，如〈釋道論〉：「歡妻撫子、暗地思欲、散居空世、污甚於民。」〔註99〕〈諭天界寺不律僧戒泐復〉：「集金帛、構是非、要虛名。」〔註100〕〈諭天界寺僧〉：「不務靖而好喧。」〔註101〕〈宦釋論〉：「不

〔註94〕明太祖：〈御製授清濬左覺義誥〉，收於《卍續藏集‧釋氏稽古略續集》（同14），頁242～243。

〔註95〕同註94，頁243。

〔註96〕明太祖：〈敕援玘太樸左講經製誥文〉，收於《卍續藏集‧釋氏稽古略續集》（同14），頁242。

〔註97〕明太祖：〈拔儒僧文〉，《明太祖集》（合肥，黃山書社，1991年），頁265。

〔註98〕同註90，頁156～157。

〔註99〕明太祖：〈釋道論〉，《明太祖集》（合肥，黃山書社，1991年），頁213。

〔註100〕明太祖：〈諭天界寺不律僧戒泐復〉，《明太祖集》（合肥，黃山書社，1991年），

務佛之本行,污市俗,居市廛。」〔註102〕在文集裡,類似僧人這些當爲、不當爲的觀點不勝枚舉。

綜合上述資料,顯示太祖對出家人看法:應遠離塵囂,絕嗜欲,棲於危山深林,結廬以靜性,朝夕慕道以利濟物人。而非好喧、居市廛、污世俗、要虛名、構是非者。故在整頓佛教時,太祖一直令僧人要居深山崇谷或守叢林,不可與民雜居或向民化緣。出家人之本務是講經不懈,博修佛道,了心性化世人,以使士民仰僧善道,故在敕文裡太祖頻頻表示要試經度僧,以提昇僧徒之質地,如:「今天下僧道數多,皆不務本教,宜令赴京考試,不通經典者,黜之。」〔註103〕

可見太祖的佛教政策之背後,是有其形象認知,此二者有互爲表裡之因果關係。

第六節 小 結

太祖出身貧農家庭,從幼年到建國與宗教有甚深淵源,熟知宗教之正面功能可暗助王綱、陰翊王度。同時也深識宗教對政權的威脅,加上其個人思想及對佛教的認知,使他對佛教有一套正反兩面的政策。

綜觀本章所述,太祖曾借宗教之力,建立大統帝業。即位後,一方面是正面的欲以護教者自居,而進行佛教之清理;一方面是反面的畏懼宗教與民眾結合之力量,故思對佛教隔離、控制,庶免成爲帝業不穩之絆腳石,並想借宗教之用以收輔助政治之效。由上知之,太祖的佛教政策約有三類:管制、隔離、懷柔禮遇,而以隔離政策爲其特色。換言之,其政策原則是僧俗隔離,方向是採限制而不禁絕。制定佛教政策的基礎有奠基於前代成果,有親睹宗教帶給元朝的危害,及受個人思想、認知之影響而加以改革制定。

基本上,管制及懷柔、禮遇政策多承襲前人,而隔離政策除繼承前人外,尚有太祖的創意,故筆者以爲此項是太祖整個佛教政策的核心與特色。於隔離政策之下所強調的僧人形象是不居市區、不混時俗、隱入深山崇谷、刀耕火種,或住叢林,侶影伴燈,甘苦空寂寞。這些避離世俗「山林佛教」的形

頁 172。
〔註101〕明太祖:〈諭天界寺僧〉,《明太祖集》(合肥,黃山書社,1991 年),頁 170。
〔註102〕同註86,頁 228。
〔註103〕《明太祖實錄》,洪武二八年九月己未,卷 242,頁 3524。

象，成為後人所認知的佛教，一直延續到民國時代。此外，為實施僧俗隔離，太祖採三宗分流，在此制度下能與民眾接觸的是教僧。（第四章曾論述教寺多過禪、講二寺，乃居佛寺之冠。）而教僧之特長是儀式的執行者，在教理思想上不作深究（這是講僧的職責），也不以明心見性為本宗（那是禪僧的任務）。可想而知，民眾多透過「教僧」在經懺儀式，或葬儀等場所來認識佛法，難免對佛教多有「死人佛教」「經懺佛教」的評價。

　　本章只處理洪武時期佛教發展的外在背景因素，尚未觸摸此期佛教發展的內在趨勢為何，及洪武政策究竟施行多少，這些問題將在下兩章探究。

第三章　洪武時僧侶活動探討

第一節　僧侶籍貫、家世、外學素養

一、僧侶籍貫分布

　　洪武時僧侶確切數目不詳，而可知菁英僧侶之籍貫者約有 150 人，今欲統計其籍貫，俾便了解當時僧人出生地之分布狀況，進而發現何處是產生優秀僧人之核心區，從中探討其因由。現在將僧人籍貫整理成表十，以便瞭解其分布情況：

表十：僧侶籍貫分布

省別	浙江	江蘇	山東	雲南	湖南	江西	河北	廣東	湖北	河南	福建	山西	天竺	日本	不明	共計
人數	72	27	1	2	1	9	3	2	1	3	4	5	3	3	14	150
%	48	18	0.7	1	0	6	2	2	0.7	2	3	4	2	2	9	

　　以上之地理分布，依據附表一整理而成，原始資料以《新續高僧傳》《補續高僧傳為主》，再酌增諸家燈錄、山志及《未學士文集》。資料地名查對《中國地名大辭典》〔註1〕《中國古今地名大辭典》〔註2〕後換成現代所屬之省分（下列地理分布表皆同）。

　　表中顯示，150 位僧人，竟有 72 位生於浙江，佔 48%之多，可謂是產生

〔註 1〕劉君任：《中國地名大辭典》（台北，文海出版社，1967 年）。
〔註 2〕謝壽昌等：《中國古今地名大辭典》（台北，商務書局，1987 年）。

僧材之核心區。江蘇次之,共有 27 位,居次核心之地位,但二者相差 2.7 倍。

　　此現象反應浙江僧材盛於江蘇,其由何在?此因可從佛教在中國之發展史找到答案。佛教傳入中國至隋唐時,其中心以長安、洛陽爲主。唐末變亂,長安、洛陽的佛教受到波及而凋零。五代時錢氏吳越國建都於杭州,大力提倡佛教,加上東南不似北方多戰禍,因此以杭州爲中心的佛教文化興盛一時。原來以長安、洛陽爲中心的隋唐佛教轉換成以杭州爲中心的吳越佛教。〔註3〕除吳越王錢氏歷代奉佛外,爲躲避唐末北地混亂而南下的高僧,也在杭州、天台等地活動。〔註4〕

　　宋室南渡亦以杭州爲首都,佛教在浙杭呈顯隱定性的成長。南宋寧宗嘉定(1208～1224)間由官方訂出五山十刹表,〔註5〕見表如下:

表十一:南宋禪、教五山十刹

類　　別	寺院名稱	地　　點	省　　分
禪院五山	1. 徑山興聖萬壽禪寺	1. 杭州臨安縣徑山	浙江
	2. 景德靈隱寺	2. 杭州錢塘縣靈隱山	浙江
	3. 淨慈山報恩光孝禪寺	3. 杭州錢塘縣靈隱山	浙江
	4. 天童山景德寺	4. 明州鄞縣天童山	浙江
	5. 明州鄞縣阿育王山	5. 明州鄞縣阿育王山	浙江
禪院十刹	1. 中天竺山天寧萬壽永祚寺	1. 杭州錢塘縣	浙江
	2. 道場山護聖萬壽寺	2. 湖州烏程縣	浙江
	3. 蔣山太平興國寺	3. 建康上元縣	江蘇
	4. 萬壽山報恩光孝寺	4. 蘇州吳縣	江蘇
	5. 雪竇山資聖寺	5. 明州奉化縣	浙江
	6. 江心山龍翔寺	6. 溫州永嘉縣	浙江
	7. 雪峰山崇聖寺	7. 福州侯官縣	福建
	8. 雲黃山寶林寺	8. 婺州蘭谿縣	浙江
	9. 虎丘山靈巖寺	9. 蘇州吳縣	江蘇
	10. 天台山國清教忠寺	10. 台州天台縣	浙江

〔註3〕 錢越佛教之發展見賴建成:《吳越佛教之發展》(75 年,文化史學研究所碩士論文,未刊本),頁 41～165。
〔註4〕 中村元等著、余萬居譯:《中國佛教發展史》(台北,天華書局,1984 年),頁 396～397。
〔註5〕 宋濂:〈住持淨光禪寺孤峰德光塔銘〉《百部叢書集成·宋學士全集補遺》三九(台北,藝文印書館,據清同治胡鳳丹輯刊金華叢書本影印),卷七,頁數不清。

教院五山	1. 上天竺寺	1. 杭州錢塘縣	浙江
	2. 下天竺寺	2. 杭州錢塘縣	浙江
	3. 能仁寺	3. 溫州永嘉縣	浙江
	4. 白蓮寺	4. 明州	浙江
	5. 不詳	5. 不詳	不詳
教院十刹	1. 集慶寺	1. 杭州錢塘縣	浙江
	2. 崇恩演福寺	2. 杭州錢塘縣	浙江
	3. 普福寺	3. 杭州錢塘縣	浙江
	4. 慈敢寺	4. 湖州	浙江
	5. 寶陀觀音寺	5. 明州昌國縣	浙江
	6. 湖心寺	6. 紹興	浙江
	7. 大善寺	7. 蘇州	江蘇
	8. 北寺	8. 蘇州	江蘇
	9. 延慶寺	9. 明州鄞縣	浙江
	10. 瓦棺寺	10. 建康上元縣	江蘇

說明：本表取自黃敏枝《宋代佛教社會經濟史論集》（台北，學生書局，1989），頁
315～316；省分爲筆者所加。

　　由上表得之，禪院五山全在浙江；教院五山其中四處在浙江，一處不詳；
而禪院十刹，浙江有六、江蘇有三、福建有一；教院十刹，七處屬浙江、三
處屬江蘇。從上述知之，浙江從五代到南宋已取得佛教領導地位，流風所及
亦是蘊育高僧、名僧之處。明初洪武時，雖以南直隸爲全國首府之地，但人
才之蘊育非一朝一夕可成，故與浙江相比，而有上述懸殊之比例。

　　黃敏枝亦提及「元文宗至順元年（1330）有鑑於五山十刹爭持不下，乃
下詔於（江蘇）金陵建大龍翔集慶寺，冠（浙江）五山之上，以矯其弊，而
五山聲勢乃日漸式微。明洪武初元（1368）將大龍翔集慶寺改額天界寺，以
總轄天下僧尼，位五山之上。元明兩代的做法皆是藉政權來達到統制教權之
目的。」〔註6〕但由上述証明，洪武時浙江仍是僧材輩出之地，而且強過江蘇
幾近三倍，。苟如其言，謂五山聲勢日漸衰微，卻難以說明此時浙江人材多
出江蘇之現況。

〔註 6〕黃敏枝：《宋代佛教社會經濟史論集》（台北，學生書局，1989 年），頁 314。

二、僧侶家世及外學素養

洪武六年（1373），禮部奏度天下僧尼、道士有九萬六千三百二十八人，〔註7〕與五年（1372）五萬七千二百餘人相比，〔註8〕增加三萬餘人。上述數字僧道同列，無法詳知僧尼確切數字，推測至少有上萬人以上。而本文所搜到的僧傳只有萬人中的一百五十位而已，誠如 Zürcher（許理和）所言：「以高僧傳來說，只是少數高僧的傳記，……且多爲僧尼中的知識分子。」〔註9〕錢謙益《列朝詩集小傳》選錄明代二百餘年間約兩千位詩人的代表作，並爲他們寫了扼要小傳，當中洪武時的僧侶就有三十二位，其中四位（法住、自恢、正淳、竺庵同）未載於附錄一，因爲有名無傳。〔註10〕

另外在僧傳裡，除上述僧侶頗工詩文外，有些尚通周易如居敬、〔註11〕至仁，〔註12〕或精裁輿地圖如清濬、〔註13〕友奎〔註14〕等。若從家世撿閱這一百五十位僧侶，有十六位出身士宦之家，見下表：

表十二：僧侶家世

人　　名	內　　　容	出　　　處
8. 善學	生儒家	頁 248（說明）
9. 慧日	宋相賈似道之孫	頁 152
12. 原	父母皆士族	頁 262
14. 普仁	父母皆名宦家	頁 269
27. 永寧	世爲宦族	頁 613
28. 寶金	生於乾州之名胄	《宋學士全集補遺》卷七
30. 印原	騰氏爲國中貴族	《宋學士全集補遺》卷八
36. 能義	世家子	頁 656
40. 曇噩	士宦之家，窮覽群書	頁 1119

〔註7〕 《明太祖實錄》，洪武六年八月丙戌，卷84，頁 1501～1502。
〔註8〕 《明太祖實錄》，洪武五年十二月己亥，卷77，頁 1415～1416。
〔註9〕 Erik Zürcher，"Perspective in the Study of Chinese Buddhism"，*Journal of the Royal Asiatic*（1982），p164。
〔註10〕 錢謙益：《列朝詩集小傳》下（上海，上海古籍出版社，1982 年），頁 665～693。
〔註11〕 喻昧庵：《新續高僧傳》（台北，台灣印經處，1991 年），頁 282。
〔註12〕 同註11，頁 1777。
〔註13〕 同註11，頁 864。
〔註14〕 同註11，頁 733。

47. 世愚	家本儒家，世守詩書	頁 1485
48. 輔良	范文正十世孫	頁 1489
54. 自緣	父本儒素，夙好詩書	頁 1508
88. 溥洽	士宦之家	頁 363
92. 示應	宋丞相王文穆公之後	頁 367
104. 自朋	父博通儒術	頁 736
111. 司聰	宋宰相方叔之後	頁 882

　　說明：1. 書名及卷數與附錄一相同，其家世蓋據原文。

　　　　　2. 標號與附錄一同，下表皆然。

　　綜合上述，從有記載的資料顯示：這批僧侶有部分人頗具外學素養，甚而有些長於儒宦之家，正如 Zürcher 所言，屬僧尼中的上層知識分子。

　　Johnson 為突破 elite 與 popular culture 二分法，提出九種社會文化群體（social culture group）之說法，指出宗教專家屬第二種：受傳統經典教育且能自我生存（classically educated \ self-sufficient），〔註15〕此歸屬只能說明類似這批上層僧侶，他們大多受過經典教育（classically educated），非只是一般的識字（literacy）；〔註16〕若中下階層的僧侶即不然，屬 Johnson 所謂第五種：識字而能自我生存（literate/self-sufficient）。故酒井忠夫名這批上層僧侶為「通儒僧」。〔註17〕

第二節　僧侶活動之區域分布

一、僧侶政治活動之區域分布

　　此小節以僧侶的政治活動為主，時間限於洪武，故在元末或永樂之政治活動則不取。同樣地，僧侶的政治活動區域不只一處，可能有多方。依附表

〔註15〕 David Johnson，"Communication，Class，and Consciousness in late Imperial China" in David Johnson et.al.*Popular Culture in late Imperial China*（Berkely，1985 年），p60。

〔註16〕 Evelyn Rawski，*Education and Popular Literacy in Ch`ing China*（Ann Arbor，1979 年），p2。在此文，他對「literacy」（識字）定義：「不是會研讀（儒家）經典，才算識字，只要學習到生活上所必須使用的單字即是。」

〔註17〕 酒井忠夫：〈明の太祖の三教思想とその影響〉，收於《福井博士頌壽紀念》（東京，福井博士頌壽紀念論文集刊行會，1960 年），頁 244。

一製成表十三：

表十三：僧侶政治活動之區域分布

省別	浙江	江蘇	山東	雲南	湖北	江西	四川	河南	山西	天竺	日本	西域	不明	共計
人次	15	55	3	1	1	1	1	1	1	1	1	3	3	87
%	17	63	3	1	1	1	1	1	1	1	1	3	3	

　　由上表明顯反應，江蘇是僧侶政治活動的核心區，而浙江瞠乎其後，此理不待言說即易自明。第二章已提及太祖即位金陵，數次御建法會、召見僧侶入京等（下文僧侶之政治活動詳介之），人材自然流向此處，難怪乎江蘇能成爲此時僧侶政治活動之核心區。

二、僧侶宗教活動之區域分布

　　本小節以僧侶宗教活動爲主，範圍包括弘化及潛修，時間包括元末及洪武，因活躍於洪武的僧人，其養成期之宗教活動是在元末。但生於洪武之僧人，其在洪武朝的宗教活動爲潛修，在永樂及其以後之弘化宗教活動不列入本文之討論。以下依附表一製成表十三之一：

表十三之一：元末洪武時僧侶宗教活動之區域分布

省別	浙江	江蘇	山東	雲南	湖北	江西	四川	河南	山西	天竺	廣東	福建	湖南	不明	共計
人次	92	40	1	2	3	2	2	3	1	3	1	5	1	11	167
%	55	24	0.6	1	2	1	1	2	0.6	2	0.6	3	0.6	7	

　　上表顯示，僧人宗教活動之核心區仍是浙江，次核心區江蘇。理由如同表十的分析，浙江是高僧、名刹集中處，自然其核心區以浙江爲主。雖然元文帝在金陵建龍翔大集慶寺欲取代五山之地位，但由此表証明，其企圖並未成功，僧人之宗教活動在浙江仍是非常活躍。顯然地，其宗教性動力不同於江蘇，大約受到五代以來浙江居爲佛教領導地位之影響，名刹、高僧多集中於此，故也爲僧侶頻頻來往之區。

　　綜合上述，以僧侶籍貫分布而言，其核心區是浙江，次爲江蘇。與此相應的是表十三之一——僧侶宗教活動亦然。如以政治活動爲主，則核心區是江蘇，浙江次之；而以宗教活動爲主，則反之。可見依活動性質之差異，僧

人活動的核心區也有不同。

第三節　僧侶政治活動探討

一、僧侶與統治階層之往來

　　以佛教而言，在印度其宗教與國家的關係是「教主王從」的立場。〔註 18〕雖然如此，佛教對王法及統治階層皆有所尊重。〔註 19〕傳入中土，中國佛教是「王主教從」，〔註 20〕臣屬王法之下。為弘揚、保護佛教法，歷代皆有僧侶與統治階層密切往來，如佛圖澄與石勒、石虎；玄奘與唐太宗、高宗；贊寧與宋太祖、太宗等。明代亦然，下依僧傳將僧侶與統治階層來往分成三類：僧侶與太祖、僧侶與藩王、僧侶與地方官吏。

　　首輪僧侶與太祖之往來，由附表二（從僧傳中歸納），得見僧侶與太祖往來，其性質或榮譽性，或為所用，方式如下：

1. 賜　與

　　此項屬榮譽性質，包括賜食、衣、號、遣使致祭僧人等等。以賜號而言，洪武時只有三位僧侶得到賜號，與前代相較算是很少，由賜號窺探太祖賜號之動機，如「善世禪師」、「演梵善世利國崇教大禪師」，明顯地希望透過宗教之弘化，達到「善世」「利國崇教」之目的。

2. 召　見

　　其目的有問鬼神事、問昇濟沉冥之道，問佛旨、籌備善世院……等等。由太祖問鬼神事、昇濟沉冥之道，正可證明第二章言太祖是位信鬼神論者，相信昇濟沉冥之道與因果報應的關係，雖不至於完全「不問蒼生問鬼神」，至少鬼神與禍福是息息相關，由此或許更能認識太祖建法會、藉宗教教化百姓的動機。

3. 授官職

　　第二章介紹太祖設立僧官制度，以僧治僧。由附錄二印證僧人被授與由

〔註 18〕鐮田茂雄著、關世謙譯：《中國佛教通史》（高雄，佛光出版社，1985 年），第 1 卷，頁 5。

〔註 19〕藍吉富：〈傳燈的人──歷代僧侶的分類考察〉，收於《中國文化新論‧敬天與親人》（台北，聯經出版社，1982 年），頁 73 對此有介紹。

〔註 20〕同註 18，頁 5。

中央到地方的官職,且在「其他欄」見到僧錄司選派僧人住持寺院之執掌。

4. 出使外邦

同樣地第二章亦有之,其任務除宣傳聖化外,還有奉命取經,其地點有天竺、西域、日本,可見洪武朝與四鄰仍有往來。

5. 文字往來

雖然太祖出身草莽,但在戎暇之餘勤學用功,故亦能爲文作詩,與僧侶唱和往來,至於其詩文造詣則不在本文討論範圍。

6. 啟建法會

法會是佛教儀式之一,爲祈福、消災、超度之要門,一向爲帝王、富豪長者、尋常百姓所好。後漢即有皇帝行齋會之事,光和三年(180),後漢靈帝於洛陽佛塔寺設會飯諸沙門、討論佛義,以達祈福增慧之目的。〔註21〕又如後趙佛圖澄已在寺院中實行佛教禮儀,《高僧傳》云:「勒諸稚子,多在佛寺中養之,每至四月八日,勒躬自詣寺,灌佛爲兒發願。」〔註22〕石勒在佛誕到寺參與浴佛法會,親自浴佛爲兒發願祈福,可謂信此道者。此外,梁武帝會寶唱擔任佛書總撰集錄的工作,寶唱不只收集教理或目錄的書籍,尚集錄佛教禮儀如建福禳災、禮懺除障、饗接神鬼、祭祀龍王等,故可謂「歷來中國佛教禮儀書的集大成者」。〔註23〕

故太祖於蔣山數建法會,其來有自。一方藉法會之用超度戰歿亡魂、或爲國祈福,同時也可令各地高僧來京,共襄盛舉。

7. 奉法——命譯經、講經、註經、校藏經

佛教非本土宗教,若要在東土流傳,須將異域之語言翻成中文,故在《高僧傳》十科裡,首科即譯經。宋以後,譯經已非佛教主流。雖如此,在太祖支持下,仍有少數譯經工作,如翻譯文殊等經、菩薩戒等戒本。

佛法深奧難解,須借說法令信眾明白教義,進而能信受奉行。而僧侶大都也願借講經管道與統治階層來往,太祖深明此理,亦數召僧侶上京說法,

---

〔註21〕隋·費長房:《歷代三寶記》收於《大正藏》,第49冊(台北,新文豐出版社,1983年),卷4,頁49云:「(漢)靈帝光和三年(180),遣中大夫於洛陽佛塔中,飯諸沙門,懸繒、燒香、散華、燃燈。」

〔註22〕梁·慧皎:《高僧傳》收於《大正藏》第50冊(台北,新文豐出版社,1983年),卷9,頁384b。

〔註23〕同註18,第3卷,頁220。

與教界建立良好密切的關係。此外，太祖詔令僧侶在地方講《金剛》、《楞伽》、《心經》等經以提升僧眾素質，由附表二可見一些回應，如子實、大山、景瓛在浙江、山東等地有所回應。

在此，僧侶亦註解三經、點校南藏，皆回應第二章太祖命僧侶整理經典，非只是政策，實有施行。

縱合上述七類，歸納僧侶與太祖往來，有的透過榮譽性賜與（如賜食、衣等），或藉參與宗教性活動（如普薦法會、命譯經等），或政治性活動（如授官職、出使等）而和太祖發生親（如太祖暱稱宗泐為泐翁）、疏（如只賜食而已）不等之關係。

次述僧侶與藩王之往來，太祖仿西漢初期之郡國制，一面立郡縣設官分治，集大權於朝廷，另方面又置藩國封建子弟，使為皇家扞禦。因此在洪武時可見到僧侶與藩王往來之例，如 19.道聯「蜀王賢之，賜衣盂。」（標號與附表一同，請依號查閱，以下皆然。）72. 洪蓮「晉王延至問道」；80.無念「蜀藩留之」；89.元亮「蜀藩請師入內廷說法、贈金襴衣等物。」128.子嚴「周王為慈孝皇后資悼冥福，命師陞座說法，贈僧伽黎。」

從上得知，其往來方式不外問道說法、贈金、衣等，不似僧侶與太祖往方式之多采多姿，說明權力強弱與來往管道多寡大約可成正比之關係。

再述僧侶與地方郡守之往來，由僧傳中只檢索到編號 8.善學及 13.士璋與郡守往來資料。一是乞善學作法求雨，一是請士璋提倡教乘（出處同附表一）。依筆者看法，僧侶在各地弘化，與郡守往來資料，可能不只上述兩則而已，囿於資料不足無法再探究其情況。或許當時記載詳於中央，略於地方有以致之。

二、僧侶對王權態度

由附表二顯示，參與政治性活動的僧侶對王權態度採低姿態：配合甚至迎合之態度。在附表二編號 24 的智度，洪武詔建法會，起初智度猶力辭，但成將強起之，最後智度自我合理化心想：「心境雙忘，隨緣去住，復何拘礙，遂行。」又太祖欣賞宗泐才華，命他罷道輔政，「朕命育鬚髮以官之，當時本僧姑且奉命而不辭，待至髮長數寸，將召而官之，其僧再辭而求免，願終世於釋門。」〔註24〕宗泐辭官並未強勢拒之，而是姑且奉命而不辭，後再辭而

〔註24〕明太祖：〈賜宗泐免官說〉，《明太祖集》（合肥，黃山書社，1991年），卷15，頁329。

求免。另外如編號 86 的永隆，以焚身爲條件，取得太祖赦免其他僧侶，免淪爲軍籍之命運。這些例案無非皆在說明僧人對王權之低姿配合。如編號 3 的無極，於六年率緇侶由雲南入京，覲見太祖並獻覲詩，而得到太祖賞賜。編號 58 的佛妙，於洪武十六年赴京朝請，因而得到皇帝大力賞賜。此則是進而迎合之例。

其實上例，於中國政教傳統純屬正常。鐮田茂雄言：「佛教本質具有普遍性的性格，原是一種超越於國家、民族的超國家宗教。但佛教在中國、朝鮮和日本被接納的同時，其國家性格也隨之形成。……中國佛教經過王法與佛法的對立與抗爭，最後佛法屈服於王法下。」〔註 25〕他指出佛教在中國流傳過程中已由超國家宗教轉變爲具國家性格的宗教，從印度宗教化爲中國式的宗教。

三、僧侶觸犯法網

上文論及僧侶爲弘化或其他理由，對統治階層、王法採配合或迎合之態度。雖然如此，在洪武時仍有僧侶觸法之記載，這些案例並非政教之爭而蹈法網，似乎也非純爲法律問題，而是頗與政治有關的，茲試分述如下：

1. 寺院管理問題

編號 8 的善學因官賦違期，被徒，途中示疾而化。又 12 的原靜住持杭州靈隱時，因崇德之禍謫陝西爲民，亦途中示疾而化。此外，編號 56 的忻悟亦因前任住持舊事，累逮至京，病卒於行。僧傳對此三例，並無詳細說明，但宋濂評原靜是「無罪謫死」，〔註 26〕此評著墨不多，但言外之旨躍然紙上。

2. 文字獄

洪武屢興文字獄，連屬方外之僧侶亦逃不了。編號 15 的德祥以（西園詩）忤上，幾於不免，至於詳情無多記載。另一位守仁之敘述則較詳盡，史云：

> （守仁）入我朝被徵爲僧錄右善世，時南粤貢翡翠，一初（守仁之字）題詩云：「見說炎州進翠衣，網羅一日遍東西，羽毛亦足爲身累，那得秋林靜處飛。」太祖見之怒曰：「汝不欲仕我，謂我法網密

〔註 25〕同註 18，頁 5。

〔註 26〕宋濂：〈故靈隱住持樸隱禪師靜公塔銘〉《百部叢書集成・宋學士全集補遺》四十（台北，藝文印書館，據清同治胡鳳丹輯刊金華叢書本影印），卷 8，頁數不清。

耶，」……幾於不免。〔註27〕

上例說明，太祖對人的猜忌不分僧俗，只要觸犯其忌諱，即有可能招殺身之禍。

3. 受胡惟庸案牽連

來復字見心，《補續高僧傳》云：「宋濂至稱其文，如木難珊瑚之貴，公卿大夫交譽其賢。」〔註 28〕與胡惟庸有往來，十三年胡惟庸案發，被舉，二十四年來復遂罹難。胡案牽連甚廣，不分僧侶皆受其殃。

僧侶自身即有一套戒律，但處在具「國家性格」之中國佛教下，僧侶的政治際遇，常與庶民無異，這也是中國佛教化的另一種表示。

第四節　僧侶宗教活動探討

一、佛學思想發展

印度佛教由原始、部派到大乘，其間產生大量經典。這些龐大經典，經歷不同時代和場所，借眾多印度或中國之譯經僧，傳譯至中國。其中以大乘經典對中國更具吸引力。印度大乘佛教分中觀、如來藏、唯識等三大系。到中國後，除如來藏思想外，中觀與唯識皆未能持續發展。如來藏系除其專書外，凡天台、華嚴、禪、淨多少含有如來藏思想之色彩。〔註29〕尤其禪、淨自宋以後，發展成為中國佛教的主流。

隋唐宗派林立，唐末五代起，逐漸消除各派嚴格門戶之界限，相互融攝。殆趙宋，台、賢兩家融入宗下。同時，禪、淨亦走向合一之路。〔註 30〕從僧傳檢視洪武時僧侶的佛學思想，仍是禪、淨天下，台、賢二家融入宗下之局面，下文詳析之。

洪武時僧人佛學思想所依經典：依附表三，歸納僧侶所熟悉、深究之經典製成下表，其中一人可能熟悉兩種以上。

〔註27〕明・明河：《補續高僧傳》，收於《卍續藏》第 134 冊（台北，新文豐出版社），卷 25，頁 368。

〔註28〕同註 27，頁 374。

〔註29〕聖嚴法師：《明末佛教研究》（台北，東初出版社，1987 年），頁 188。

〔註30〕張曼濤：《中國佛教史論集・宋遼金元篇上》（台北，大乘文化出版社，1977 年），頁 1，編輯旨趣介紹之。

表十四：洪武時僧人佛學思想所依經典

經典	文殊	天台(1)	賢首(2)	楞伽	楞嚴	金剛	心經	圓覺	起信	彌陀	唯識(3)	維摩	金光明	高僧傳	其它(4)	合計
人次	1	22	6	4	12	7	3	5	1	2	1	1	2	1	2	70
%	1	31	9	6	17	10	4	7	1	3	1	1	3	1	3	

說明：（1）天台包括法華及天台諸書等
（2）賢首包括華嚴及賢首諸書等
（3）唯識包括百法等
（4）其它包括三教同源及辨儒釋之異

　　表所列經典以禪宗最盛，其中《楞伽》、《金剛》、《心經》、《圓覺》、《維摩》、《法華經》、《華嚴經》〔註31〕及《楞嚴經》、《起信論》〔註32〕曾是禪宗所重視之經典，除《法華經》、《華嚴經》之外，共有33人次熟究之，佔總人次47%，幾近一半，這是相當保守的估計。因爲《法華經》、《華嚴經》也曾是禪宗所重視之經典，但在統計表裡的天台、賢首不只包括《法華經》、《華嚴經》，尚包括自身宗派之著書，故在統計時未將習《法華經》、《華嚴經》者納入。禪宗是「宗下」以實踐修行爲主，非「教門」以教理取勝。洪武時僧侶所熟究之經典，幾近一半不離禪宗修學所依經典，借此透視此時僧侶佛學思想非以思辯之佛教哲學爲主，而一般認爲此期佛學思想與隋唐相較並無創新之處。這是筆者認爲後人評明清佛教爲中國佛教衰頹期之依據。

　　其次較盛的是天台。熟稔法華及天台諸書者佔31%，此比例不低，表示洪武時天台思想仍是當時僧侶所重者。安史之亂、武宗滅佛之後，佛教各宗之文獻資料大多喪失殆盡。五代時吳越王錢俶遣使赴高麗、日本尋求天台教典，從此天台教典始歸還中國。加上宋代天台宗出了四明智禮（960～1028）、慈雲遵式（964～1032）等祖師，使天台有一番新氣象，延續至元及明初，可惜明初天台一家沒有所謂獨樹一幟的大師出世。

〔註31〕阿部肇一著、關世謙譯：《中國禪宗史》（台北，東大出版社，1988年），頁7，「第一章序說」註1，介紹有關禪義教典的演變。
〔註32〕印順法師：《中國禪宗史》（台北，慧日講堂，1978年），頁148，提及「晚唐以來，佛教是禪宗天下，這部經（楞嚴經）也受到重視。」頁158，介紹東山法門在弘傳過程中，金剛經、起信論漸取代它經。

　　宋代天台宗有山家及山外派之爭，主要相異處：「山家派自稱爲天台的正統，絕不苟同華嚴、禪宗等；而山外派則頗與華嚴、禪宗等相融。」〔註33〕雖然山家派論議得到最後勝利，但天台與禪、天台與華嚴在佛教之內互相融合，〔註34〕如編號 3 的無極，即是通《華嚴》、《法華》；編號 8 的善學弘賢首教、通《法華經》，又累入法華三昧；另如編號 12 的原靜，精天台義，又在習禪過程中已「黏縛盡脫」；……如上之例不勝枚舉。由上知之，此風潮已成爲時代趨勢，迄明代而不衰。

　　歸納上文，知洪武時天台思想仍是當時僧侶所重之因有二：宋代天台學之復興及天台與禪等之合流。

　　另外，華嚴思想佔 9%，宋代華嚴思想不似天台盛，加上被天台、禪所融攝。故蔣維喬言：「是則華嚴教義，縱存於元明之際，不過與禪相提攜，以維持其餘勢耳。」〔註35〕

　　其次再次盛者爲淨土思想。在明初僧傳裡只搜集到二人註《彌陀經》，此外在《卍續藏》標明是洪武時所作的淨土經典，尚有如下：

書　　名	卷　數	作　　者	出　　處
1. 寶王三昧念佛直指	二	妙協（生卒不詳）（1）	《卍續藏》108 冊
2. 淨土指歸集	一	大佑（1324～1407）	《卍續藏》108 冊
3. 淨土簡要錄	一	道衍（1335～1418）	《卍續藏》108 冊
4. 西齋淨土詩	二	梵琦（1296～1370）	《卍續藏》108 冊
5. 諸上善人詠	一	道衍（1335～1418）	《卍續藏》135 冊

　　說明：1. 妙協於 1395 撰《寶王三昧念佛直指》
　　　　　2. 本資料取自釋聖嚴《明末佛教研究》，頁 107～108。

　　歸納上文，明初淨土思想之勢力比不上禪宗，與明末學風大異。聖嚴法師統計明末共有十六位撰二四種淨土專書，單篇文章共計八人一二十篇，〔註36〕看出淨土思想在明末之風行。

　　至於唯識思想與儒釋之辨，亦略有可述者，茲分陳如下：

〔註33〕東初：〈宋代的佛教〉收於張曼濤：《中國佛教史論集·宋遼金元篇上》（台北，大乘文化出版社，1977 年），頁 6。
〔註34〕蔣維喬：《中國佛教史》，收於藍吉富主編《現代佛學大系》（台北，彌勒出版社，1983 年），頁 339。
〔註35〕同註 34，頁 411。
〔註36〕同註 29，頁 127～143。

唯識於隋唐爲顯學，是中國八大宗之一，武宗滅佛後經典流失，亦未有大家出現，一厥不振至後代。故聖嚴法師云：「故到明代，已無人研究唯識，……幸有魯庵普泰法師於明武宗正德年間（1506～1521），從一位無名老翁處，以月餘時間，盡傳其唯識學之後。」〔註37〕但在洪武時的僧傳裡，竟然發現還有一人（編號74.）慧進「達唯識、百法」可爲罕見，這也與明末唯識盛行之風氣大異。〔註38〕

佛教東傳之後，歷代皆有人唱議排佛，楊惠南認爲：「唐以前的排佛論，除范縝〈神滅論〉，大都從風俗習慣或國運政經入手，甚少有深刻的理論基礎。唐以後，特別是宋、明儒者，……援佛入儒，提出許多精闢的排佛理論。」〔註39〕宋代儒家意識復甦，受傳統倫理教養生活的士大夫，多有排佛理論。這些理論促進佛教學者之深思，如契嵩（1007～1072）《鐔津文集》，懷悟（生卒不詳）在其序文言：「以師所著之文，志在通會儒釋，以誘士夫，鏡本識心，窮理見性，而寂其妒謗是非之聲也。」〔註40〕契嵩等文，專心於儒釋兩道之會通，對儒家觀念的排佛論加以對抗，對士大夫中有惡佛者，即向之說教而鍼其謗佛之口。

明初時在僧傳裡仍可見到此風，如洪武時「有章逢之士，以釋爲土蠹，請滅除之。」當時覺原慧曇答曰：「孔子以佛爲西方聖人，〔註41〕以知眞儒必不非釋，非釋必非眞儒。」〔註42〕又善啓東白（生平見編號22）答當時名人問儒釋之異，啓曰：「無論聖人理同且各爲其教，又曰東魯垂道，西竺見性，皆莫先於厚本。」〔註43〕倡儒佛一致，以便佛教發展，已成時代潮流，而大成於明末。〔註44〕

綜合上述所言，洪武時僧侶的佛學思想是順時代潮流，禪宗仍是主流，天台、華嚴融於禪之下。雖然禪、淨思想是宋代以來的主流，但淨土思想在

〔註37〕同註29，頁189～190。
〔註38〕同註29，頁190即言：「單從人數而言，明末的唯識風潮遠盛於唐代。」
〔註39〕楊惠南：〈一葦渡江、白蓮東來——佛教的輸入與本土化〉，收於《中國文化新論·敬天與親人》（台北，聯經出版社，1982年），頁44。
〔註40〕牧田諦亮著、眞如譯：〈趙宋佛教史上契嵩的立場〉，收於張曼濤：《中國佛教史論集·宋遼金元篇上》（台北，大乘文化出版社，1977年），頁15～44，介紹契嵩面對當時排佛環境，提出〈輔教篇〉等文銷釋之。
〔註41〕孔子時代佛教尚未傳入，東漢方入中土，但僧人以孔子爲儒家始祖，故有將孔子與佛並列。
〔註42〕同註11，卷34，頁1050。
〔註43〕同註11，卷6，頁283。
〔註44〕同註34，頁419～421。

此時不似明末能與禪宗相較，而其它思想尚未成爲氣候，此爲教內趨勢；而在教外佛教亦朝著儒釋協調發展。

二、習　禪

　　此處所謂「習禪」，非單指僧傳之習禪科，凡有習禪的經驗、境界或曾訪禪師修學等，皆取之（以下興福各類等亦然）。本文列舉 150 位僧人，而在附錄四共有 101 人習禪，佔 67%。對照上文僧侶之佛學思想——以禪學爲主，頗爲相應，可見洪武時僧侶以習禪爲主。其內容可歸納出下列幾類：參學何人、參禪成果、省悟境界之描述及參學過程等。

　　禪學脫胎於印度佛教之瑜伽師，著眼自內證之體驗。禪者的修證經驗，通常分作兩種層次：

　　「省」，彷彿知道而實際尚未知道的程度；「悟」，悟又有未徹底的悟及徹底的悟。〔註45〕故「省」、「悟」是禪者修行之過程，借此亦能考核當代禪師的品質。依附表四整理出洪武時禪者有省悟經驗共有 52 人：

3. 無極	5. 弘道	11. 大同	17. 明德
24. 智度	25. 智及	26. 慧照	27. 永寧
28. 寶金	29. 具生	30. 啓原	31. 文琇
35. 淨戒	37. 德始	38. 慧曇	45. 可授
47. 世愚	48. 輔良	49. 智順	51. 力金
54. 自緣	56. 忻悟	59. 正映	60. 師頤
64. 梵琦	69. 宗靜	74. 慧明	75. 道永
76. 時蔚	79. 如皎	88. 普洽	89. 元亮
91. 清濬	94. 德然	96. 妙智	97. 來復
109. 海勇	111. 司聰	112. 文謙	113. 仁淑
114. 景瓛	120. 善法	122. 愼行	126. 無慍
127. 了改	128. 子嚴	131. 慧	133. 惟則
134. 道顯	148. 海舟	149. 克勤。	

　　上述說明元末明初之際，禪僧之修證體驗頗爲豐富，正可反駁郭朋所謂：「明

〔註45〕同註29，頁69。

初，承元之後，禪宗無何發展。中葉以後，禪風漸盛」〔註46〕之說不可盡信。

此外，當時之習禪不完全以禪宗爲主，有的修習法華三昧如善學、或習般舟三昧如道安，人數不多但反應出禪宗以外其它習禪之餘勢。〔註47〕

由僧傳還可以再發現此時僧侶已有一種傾向：篤意習禪，惟務明心見性，甚而棄教習禪，見表如下：

表十五：習禪僧侶※

人 名	內 容
19. 道聯	篤意禪學，兼窮止觀，廢寢忘飧，惟務明心見性。
28. 寶金	窮性相學……已而嘆曰：「三藏所言，皆標月指，……遂棄所學，更習禪觀。」
38. 慧曇	嘆曰：「毗尼之嚴，科文之繁固……若欲截斷眾流，一超直入，非禪波羅密，曷能致之。」
40. 曇噩	教相如海，苟執著不回，是覓繩自纏，曷若求明本心乎？於是篤意禪觀。〔※1〕
45. 可授	務欲究明心宗爾，苟纏蔽文字相中，何時能脫離？〔※2〕
47. 世愚	嘆曰：「縱能盡書一大藏教，亦屬有爲……盍學無爲，以明心宗要。」
48. 輔良	士瞻謂之（輔良）曰：「教乘固當學，若沉溺不反，如入海算沙，徒自困耳，何不更衣以事禪習乎？」良曰：「吾將焉。」
49. 智順	習教觀嘆義學難禦生死，遂入禪。
51. 力金	歉名相之學略諳即可，而習禪。
78. 本來	欲痛晦埋宗，不可得也。
123. 明顯	嘆：「出家以明佛心宗爲要。」

說明：※ 出處同附表一
　　　※1. 出自宋濂《宋學士全集補遺》卷八
　　　※2. 出自宋濂《宋學士全集補遺》卷七

《新續高僧傳》將道聯列入「義解」，而由上文知其修學焦點「廢寢忘飧，惟務明心見性」，欲以個人修行爲主；又如明顯亦然，以自利爲主專注於自我之解脫。寶金更進一步直接了當地認爲：一切文字教相只是標月指，遂棄教習禪，務求明心見性。此外，慧曇對戒律之嚴、科判之繁瑣亦有嘆言，認爲

〔註46〕郭朋：《明清佛教》（福州，福建人民出版社，1982年），頁41。
〔註47〕冉雲華：〈中國早期禪法的流傳和特點〉，《中國禪學研究論集》（台北，東初出版社，1991年），頁39云。

不能幫助個人之了生死，若要截斷眾流、一超直入只有禪度能助其成就。本來佛法之修學是以戒、定、慧三學為主，但在此慧曇似將定學置於首要之位。餘如曇曀也表示對「教」與「禪」有不同的評價，認為「教相如海，……是覓繩自纏爾，曷若求明本心乎？」

僧侶篤意禪修，重禪輕教，甚而棄教習禪，可反應此時佛教趨勢之一。這現象引導佛教走向遠離知識，加上禪修大都遠離民眾，喜在山林靜修，這是明代佛教內部發展的傾向。再配合第二章所言的太祖佛教政策，為防宗教叛亂，採僧俗隔離、遠離群眾為政策之主要原則，此為當時佛教的外在發展。簡言之，明初佛教潮流內外呼應之結果——遠離知識、社會，至少在明太祖時已形成。近人楊惠南：「認為（佛教）入清後，又硬生生地被隔絕於社會大眾之外。」〔註48〕由上述證之，其實不然，可溯源更早。

禪宗不重經教、文字，早在明代以前即有其歷史淵源。冉雲華借道宣（596～667）《續高僧傳·習禪》指出：「道宣稱讚天台一派之禪法，因為他們論經、明戒、習定三者並重。完全不提達摩一派習禪者，乃因其不重律制、經教、法義，可是後來的禪宗卻是在這種傾向下發展起來，而離開傳統佛教方法，從習禪修心到定慧不分，使得佛法中傳統三學戒、定、慧，完全被納入『定門』之內。」〔註49〕

禪宗前身——達摩一派的習禪者，即具有不重戒律、經論，棄文字、法義之現象。歷經各代到宋時仍是如此。高雄義堅指明宋代禪宗的特性之一是「不立文字的確立」，他說：

> 由於會昌法難以後的社會變動，舊有佛教諸宗皆瀕於衰竭，惟有以隱遁山林為旨的禪宗盛行，……它們皆是以實踐修道為主，去除一切禮儀、經典性的表相見解，採取打坐直觀主義的方法，努力立於直修佛陀的根本精神。到了宋代，禪宗便確立「不立文字、教外別傳」的宗風，成為一中國民族化的宗派。〔註50〕

由此可見明初佛教只是承晚唐、有宋以來之流緒，而走向重自利、個人解脫，不重文字、經教的命運。

〔註48〕同註39，頁54。

〔註49〕同註47，頁38～39。

〔註50〕高雄義堅著、陳季菁譯：《宋代佛教史研究》，收於藍吉富編《世界佛學名著譯叢》（台北，華宇出版社，1987年），頁100～101。

三、明　律

佛法修學次第是以戒、定、慧爲主，並以戒維持僧侶的身份，故釋尊欲入滅時交待以後的僧侶要「以戒爲師」。若要評估一位僧侶之素質，除以禪定、慧學爲考量標準之外，還要問其「持戒」如何。

初唐道宣以四分律爲主，創設律宗。逮宋亦有大家出世，如元照（1048～1116）以天台教義註解之，其《資持記》、《濟緣記》、《行宗記》三書，成爲後代律宗經典性的註釋，可與道宣《行事鈔》等書並稱。〔註51〕雖然郭朋介紹明代律宗時只提寂光律師（1580～1645），〔註52〕但由此時僧侶的生平得知，仍有少數翻譯戒本、註解《四分鈔》等活動，見表如下，可惜未有大家出世。

表十六：持戒僧侶※

人　名	內　容
2. 智光	譯四眾弟子菩薩戒；秉戒專篤。
7. 原眞	戒行高潔
8. 善學	戒檢精嚴
11. 大同	持戒謹嚴
16. 紹宗	戒行精嚴
20. 居敬	精嚴律部
29. 具生	譯七枝戒本
32. 無盡慧	戒簡冰清
39. 崇裕	戒律精嚴
46. 悅顏	戒德冰霜
80. 無念	戒行精於皎月
98. 如筏	戒行端謹
101. 子實	持戒甚嚴
130. 本巙	嚴習毗尼

說明：※出處同附表一

從上文得知，除翻譯、註解戒本之外，約十多位僧侶被評爲「戒簡冰清」等，可見此時尚有持戒謹嚴之僧侶。

〔註51〕郭朋：《宋元佛教》（福州，福建人民出版社，1981 年），頁 140。
〔註52〕同註46，頁 176。

四、修淨土

　　唐代以西方淨土信仰為主，形成「淨土宗」，唐時已有「禪淨合一之端緒」。
〔註53〕宋以後，流傳頗廣，但非獨立一宗，凡抱天台、華嚴乃至禪宗宗旨者，
常期念佛往生。〔註54〕元明之際，此風亦然。蔣維喬依《釋氏稽古略續集》
認為明初天台學者絕宗善繼、鼓庵顯示、無礙普智等皆專修淨業，或弘揚之；
此外如邁庵大佑兼天台、華嚴之學，卻著有《彌陀略解》、《淨土指歸》等書。
〔註55〕

　　從僧傳輯錄明初僧侶修習淨土之事蹟，列表如下：

表十七：修淨土僧侶※

人　　名	內　　　　容
5. 弘道	修念佛三昧
21. 普智	專修淨業
45. 可授	以淨土法門為佛事，且曰：「此即禪定之功，惡可強分同異。」
48. 輔良	兼修淨土觀門
53. 顯示	長於西方淨土之學，終日繫念。
97. 來復	修西方淨土
102. 大佑	修習念佛三昧
103. 友奎	習念佛三昧
107. 元鎮	專意淨業

　　說明：※出處同附表一

　　中村元謂明代佛教的精華是「禪淨融合」，〔註56〕但以上文觀之，此時尚
未蔚為風氣。洪武時是禪主淨輔，到明末四大師（蓮池、藕益、真可、紫柏）
的禪淨雙修，且大力倡之，始造成明末禪淨雙修之高潮。

五、儀　式

　　所謂佛教儀式，乃佛教為舉行各種法事活動所擬定的種種行法、規範等。

〔註53〕同註34，頁199。
〔註54〕同註34，頁411。
〔註55〕同註32，頁413。
〔註56〕中村元等著、余萬居譯：《中國佛教發展史》（台北，天華書局，1984年），頁
　　　　487。

從廣義說，由三歸五戒到三壇大戒，由簡單念誦到各種儀規都可稱爲佛教儀式。〔註57〕依《中國大百科全書·宗教》言，中國漢地佛教主要佛事儀式有：懺法（如梁皇懺等）、水陸法會、盂蘭盆會、焰口等。〔註58〕將洪武時有關僧侶之儀事活動，輯成下表：

表十八：儀事活動僧侶※

人　名	內　　　　　容
5. 弘道	禮大悲像，期生淨土。
7. 原眞	精修法華懺、彌陀懺。
8. 善學	習華嚴懺、淨土懺、法華懺。
9. 慧日	修彌陀懺
72. 洪蓮	設焰口，賑濟幽類者三年。
88. 溥洽	建金光明護國懺
101. 子實	修觀音懺、法華懺、金光明懺、彌陀淨土懺、大悲懺。
105. 大山	詳解瑜伽水陸儀文
106. 良玉	修觀音懺

說明：※出處同附表一

　　由上表知之，此時的佛教儀式主要以懺法和瑜伽焰口爲主。其中懺法原是佛教懺悔罪愆的儀則和行法，本來是爲僧伽修法所設，如天台智者大師（538～597）依《法華經·勸發品》和《普賢觀經》撰成《法華三昧懺儀》，作爲修習止觀的助道行法之一，意謂著通過懺法──懺悔之儀式以幫助實現法華三昧。〔註59〕此外，瑜伽焰口是一種「施食法門」，誦施食經咒解除餓鬼病苦，起先也是僧侶爲培養悲心所修習的法門之一。這些僧侶自修的課程，後來逐漸發展成爲應赴社會大眾需要的一套固定經懺佛事，這些即是太祖所要提倡的「教」。

　　從上表窺見僧侶修習各種懺法，是將其當成修行的下手處。如編號 5 的弘道「禮大悲像，期生淨土。」；72 的洪蓮「設焰口，賑濟幽類者三年。」又101 的子實十三歲出家「厭棄瑜伽專誦儒典」，〔註60〕後來又修法華懺、彌陀

〔註57〕《中國大百科全書·宗教》（北京，中國大百科全書出版，1991 年），頁 121。
〔註58〕同註 57，頁 121～122。
〔註59〕同註 57，頁 121。
〔註60〕明·佚名：《續佛祖統紀》，收於《卍續藏》第 131 冊（台北，新文豐出版社），卷下，頁 728。

淨土懺等。瑜伽（即焰口）與法華懺等皆是佛事儀式，爲何子實會厭棄瑜伽後又修其他懺儀？以筆者推測，子實初出家時可能爲應赴經懺而參與瑜伽法事，不知其要，故厭棄之；待後來爲自修用而再修習其它懺儀。又如 59 的正映「爲沙彌演習瑜伽，隨唱梵韻，庸庸合流，不敢立異。及閱法華火宅之喩，始知佛法廣大。」〔註61〕同樣地爲沙彌時演習瑜伽，只是隨聲應和，可能亦是爲應赴經懺而習之，不知瑜伽之要。

佛事儀式具兩面性，可助僧侶修行方便的下手處，同時它又發展成爲應赴大眾需要的經懺佛事。在此，約略可見菁英僧侶較偏重將懺儀當成自我修行之前方便。此外，另有僧人 105 的大山詳解瑜伽、水陸儀文，雖是孤燈，亦反映出佛事儀式之被需要而被整理、註解。

六、興　福

《新續高續傳》定義興福：「名勝古刹，歲久荒落，苦志重修，或啓蘭若，獨自剙構，厥功尤偉。」〔註62〕而《高僧傳》作者慧皎（497～554）認爲興福是「樹興福善，則遺像可傳。」〔註63〕因爲法身無像，造像則眞儀常見，此爲追思致敬之道，所謂「敬佛像如佛身」。是故「入道必以智慧爲本，智慧必以福德爲基」。〔註64〕

綜合上文，興福是指僧侶不論是「造寺」或「造像」，皆屬宗教建設以利弘法事業之推展，爲培福之事，是智慧之基、入道之始。下文將洪武時僧侶興福事蹟，編列成表：

表十九：興福僧侶※

人　　名	內　　　　　容
5. 弘道	重造光明懺堂
19. 道聯	重建淨慈寺
30. 印原	重建丹州勝願寺、津州保壽寺、江州普門寺、信州盛興寺、房州天寧寺、建長廣德庵等。
46. 悅顏	修復正覺寺

〔註61〕同註11，頁1529。
〔註62〕同註11，頁14。
〔註63〕同註22，卷14，頁419a。
〔註64〕同註22，卷13，頁413b。

47. 世愚	建福慧寺
48. 輔良	修復靈隱寺等
49. 智順	修南泉寺等
50. 元良	修建天童寺
51. 力金	修復嘉興天寧寺
52. 仲羲	遷建靈谷寺
53. 顯示	修雷峰顯教寺等
54. 自緣	修妙相古寺等
55. 祖鐙	修復天台雲峰等
56. 忻悟	修浙江崇寧寺
57. 夷簡	修建淨慈寺
62. 廣鎮	修建玉泉寺
80. 無念	修寶林寺
86. 永隆	建崇福寺
89. 元亮	建寶頂寺
101. 子實	建懺堂
103. 友奎	興復靈鷲寺
105. 大山	修建演福寺等
107. 元鎮	修西天竺興福寺
108. 廷俊	修建吳興資福寺
124. 普震	修建示光寺

說明：※出處同附表一

　　上文已述，慧皎《高僧傳》已將興福納入十科之一，可見其在南朝時風氣之盛。道宣《續高僧傳》亦然，興福也是十科之一，可見南北朝時，興福已蔚成一股風潮。〔註65〕此風歷經各朝，至洪武仍未衰，搜集到資料就有 25 人興復古刹或新建寺院，至於那些僧傳未記載而興福者尚不知有多少。

〔註65〕陳垣：《中國佛教史籍概論》，收於藍吉富主編《現代佛學大系》（台北，彌勒
　　　　出版社，1983 年），頁 26 言：「皎書著於偏安之時，故多述吳、越，而略於魏、
　　　　燕；《續傳》著於統一之時，文獻較備，故搜羅特廣」。

七、其　它

洪武時僧侶宗教活動除上述之外，還有乞雨、神異、遺身、護法等行為事跡。先舉乞雨之例，如編號 8 的善學「郡守請其乞雨」（出處同附表一，以下皆同）、86 的永隆「乞雨」（詳文見附表二 90.）；其次神異，如 43 的杜聖「常持大悲咒時有虎傷人，乞聖咒虎潛去。」55 的祖鐙「虎狼等交跡於外，鐙一念攝伏，猛毒馴化，各不相害。」84 的馬跡「多神異事」85 的裘和尚「多神異事」；其次血書，如 32 的無盡慧「刺血書大乘經」，47 的世愚「血書《金剛經》」，72 的洪蓮「血書五大部經」，80 的無念「刺血書《華嚴經》」86 的永隆「刺血書《華嚴》、《法華》」，94 的德然「割指血命高行僧道書《華嚴經》」；其次遺身，如 86 的永隆「焚身救僧」（詳文見附表二 86.）118 的弘智「索火自焚」；其次護法，如 38 的慧曇「護寺產等」。

這些行為活動，宗教色彩頗為濃厚，性質略可分成濟世與個人修為。如永隆之遺身、善學乞雨、杜聖之神異等，明顯地屬濟世行為。而無盡慧等人以血書經典，偏於個人的虔誠事跡。

第五節　小　結

本章是討論洪武時僧侶之活動，所論述的階層屬僧侶中菁英分子，他們多產於浙江和江蘇二省，尤以前者為最。由其活動範圍與性質之不同，發現江蘇和浙江的佛教型態而有所不同，僧侶在浙江的活動較屬於宗教性，而在江蘇的活動較偏於政治性。

本文從政治活動與宗教活動雙層面下手，盼能較全面性了解此時菁英僧侶的活動。因為歷來佛教與政治有密不可分的關係，尤其是在一位想要大力整頓佛教的開國君主之下，面對時局，僧侶與君王不可能不產生關係。但如果只由政治活動下手，會讓人誤解佛教似乎只與政治相關。其實不然，檢索僧侶生平，發現他們的宗教生命力頗強，有些人還是可以獨立於政治之外，一心篤意習禪、以血書經等，故有上文雙層之分析。

在「僧侶政治活動」之單元，由附表二，見到 150 位僧侶其中 64 位與太祖有往來關係，其比例佔 43%，可見太祖於繁冗政務當中，仍是相當注意佛教發展，而與僧侶維持密切的往來關係。此時僧侶雖與太祖往來密切，但其姿態是低勢、配合，對王權之態度已經是「中國化」，非「印度式」的「教主

政從」。同時僧侶亦與庶民無異，會因政治因素，如文字獄或政治案而罹難。

至於「僧侶宗教活動」單元，對佛學思想之表現，洪武時僧侶以重踐行、解脫的禪宗思想爲主，天台、華嚴被融攝其下；而以淨土爲輔的局面，呈顯出此期佛學思想非以思辯之佛學哲學爲主。此外，無論教內或教外皆走向融合之潮流。

從習禪發現此時僧侶素質並不低，有省悟經驗的僧侶不少。但從中發現已有重禪定輕經教，以定門統攝戒、慧二門的傾向。因重禪定輕教理讓僧侶有遠離知識的危機；也因專重定門，惟務明心見性，令僧侶好山林靜修走向遠離社會大眾的命運。

在明律方面，此時不乏持戒謹嚴的僧侶，由此亦可窺見僧侶較偏實踐，故有持戒冰清的僧侶。但對戒律思想的闡發、詮釋並無大家出世，而讓戒律能再流傳、影響到後世。

另外，在懺儀方面，洪武時僧侶較偏於視它爲自我修行的前方便；且在興福和其他宗教活動都有可觀的記載，證明此時之宗教活動頗爲繁榮。

綜觀上述，有一批菁英僧侶與政治保持密切關係，同時以外相而言，宗教活動頗爲繁榮，僧侶習禪素質不低，但爲何有學者如鎌田茂雄、黃懺華等，〔註66〕評明清佛教爲中國佛教之「衰微期」？雖然另有學者如于君方不同意上述看法，提出「明清佛教被研究不是因爲它比先人優或劣，而是它不同於先人」、「此期佛教之重要性是它幫助我們了解中國佛教後來的發展，並使我們對多年的中國宗教問題、及中國融合哲學（philosophical syncretism）的了解上放出一線曙光。」〔註67〕于氏在上文賦與明代佛教的地位與價值，但不可否認此時佛學思想不重思辯，且無創新之處，又重禪定輕教理、遠離知識、社會大眾，故亦可言此時僧侶學佛的傾向，已種下日後明清佛教被評爲「山林佛教」、「死人佛教」、「經懺佛教」的因子。

〔註66〕見黃懺華：《中國佛教史》（台北，新文豐出版公司，1983年），頁1「凡例」。又鎌田茂雄著、關世謙譯：《中國佛教史》（台北，新文豐出版公司，1987年），頁241。

〔註67〕Chun-fang Yü，*The Renewal of Buddhism in China: Chu-hung and the Late Ming Synthesis*（Columbia University, 1981）p3～4。

第四章 洪武時期寺院分布之分析
——以南直隸爲例

第一節 南直隸的經濟背景與寺院分布之關係

一、人口、賦稅與寺院分布之對照分析

洪武時南直隸爲明代京師，統府十四、直隸州四，屬今日江蘇、安徽兩省。其地理環境之分布見附錄圖一（南直隸地理分布），可分爲黃淮平原、長江三角洲、巢蕪盆地、安慶盆地、皖浙丘陵等五區。其中以蘇州府、松江府、應天府爲本區之核心區，先論三府之背景。

蘇州府在周末屬吳，爲江南小國，漢朝中葉，人物、財賦已爲東南最盛。歷唐、宋以至明代，遂稱天下大郡。〔註1〕明、清時，它更是一個重要的工、商業中心，其棉織業獨樹一幟，在近世中國城市的發展過程中，蘇州府無疑地扮演一個重要角色。〔註2〕回溯到明初洪武時期，它亦是南直隸人口分布、密度最高之區和全國田賦負擔最重之處。〔註3〕

松江府在周末爲吳地，戰國入楚。〔註4〕位於長江口南岸的沖積平原上，

〔註1〕 明‧王鏊等：《正德姑蘇志》（台北，學生書局，1986年影印，據正德元年，1506年刊本），頁3。

〔註2〕 劉石吉：《明清時代江南市鎮研究》（中國社會科學出版社，1987年）"引言"及樊樹志：《明清江南市鎮探微》（上海，復旦大學出版社，1990年）第七章。

〔註3〕 吳緝華：〈論明代稅糧重心之地域及其重稅之由來〉，《明代社會經濟史論叢》（台北，學生書局，1970年），頁45。

〔註4〕 明‧李賢等：《大明一統志》（西安，三秦出版社，1990年影印，據天順五年，

即是著名的江南魚米之鄉。宋元以來，蘇、松、杭、嘉、湖五府是江南繁華的中心。明清時，它與蘇州府同爲重要的工、商業中心，爲米、棉、鹽、魚業重要產區，其中棉布生產技術超過蘇、杭，居全國第一。〔註5〕在洪武時次於蘇州府，爲南直隸人口分布、密度次高之區和全國田賦負擔次重之處。〔註6〕關于它們是全國重賦之因有二，一說其地原爲張士誠所盤據，軍民曾爲張氏守禦，太祖爲此憤恨，故籍諸豪族及富民田，以爲官田，按私租簿爲稅額；同時，司農卿楊憲又以浙西膏腴，畝加二倍，故蘇府的田賦最重。〔註7〕而樊樹志《明清江南市鎮探微》對此解釋爲：「重賦並非人爲的，它不是統治者隨心所欲的意志的體現，而是這一地區經濟富甲天下的產物，」〔註8〕借樊氏詮釋或許更能說明蘇州府、松江府爲財經重地之緣由。

應天府即今日南京，六朝以降，十爲國都，共約四百五十年，是我國歷史上典型的政治都市。元末只是朱元璋革命的根據地，軍事功能特重；後經明太祖陸續經營，方成明代首都；又經多年建設，始爲一多功能都市。對此，徐泓指出南京多功能城市之形成，並非社會經濟自然發展之結果，乃政府政策所使然。〔註9〕

车復禮（F.W.Mote）比較南京與蘇、松二府之差異，說：「南京位於長江三角洲沖積平原的正西方，其鄰近腹地的農業生產量無法與更向東南方的長江下游富庶州府相比擬，這些富饒州府之最著名者當推：蘇州、松江、常州、及湖州等。……簡而言之，南京的經濟地位是以控制廣大地區的政治與軍事爲基礎，……而不是依賴當地任何不尋常的產物。」〔註10〕由上引述，可見蘇、松二府屬經濟型都市，而應天府乃以軍事、政治功能起家。

　　　　1461年刊本），頁163。

〔註5〕　王守稼等：〈松江府在明代的歷史地位〉，收在中國地方史志協會編《中國地方史志論叢》（北京，中華書局，1984年），頁192。

〔註6〕　同註3。

〔註7〕　孟森：《明代史》（台北，中華叢書委員會，1957年）頁34；及伍丹戈《明代土地制度和賦役制度的發展》（福建，福建人民出版社，1982年）頁14。

〔註8〕　同註2，樊氏著，頁66。對於蘇、松賦稅畸重之因已有多篇文章討論，如上引文的吳緝華及韋慶遠：〈明初江南賦稅畸重原因辨析〉，《明清史辨析》（中國社會科學出版社，1989年）等。

〔註9〕　徐泓：〈明初南京的都市規劃與人口變遷〉，《食貨月刊》，1980年，第10卷，3號，頁82～106。

〔註10〕　Mote著、馬德成譯〈明初南京城的變遷〉，《明史研究專刊》第七期（台北，明史研究小組，1984年），頁242～243。

　　次論三府之經濟背景及其寺院分布，先將南直隸人口、納稅多寡與寺院分布列成下表：

表二十：南直隸人口、糧稅多寡與寺院分布對照表

府、州	人口(千人)	稅量(石)	寺院數目		
			舊寺院	新建	總數
蘇州府	2,355	2,810,490	709	10	719
松江府	1,219	1,219,896	225	3	228
應天府	1,193	331,876	74	10	84
常州府	775	652,835	90	1	91
揚州府	736	297,806	96	0	96
徽州府	592	165,404	174	0	174
寧國府	532	244,660	163	8	171
鎮江府	522	324,646	185	5	190
鳳陽府	427	230,465	42	7	49
安慶府	422	131,636	199	17	216
盧州府	367	91,190	110	2	112
太平府	259	67,680	33	0	33
廣德州	247	30,570	35	4	39
池州府	198	128,961	54	0	54
徐　　州	180	141,640	53	3	56
和　　州	66	4,834	7	0	7
淮安府	63	354,710	23	6	29

　　說明：1. 人口資料（洪武二十六年，1393），取自趙岡〈明清地籍研究〉，收在《明史研究論叢》第二輯（台北，大立出版，1985 年），頁 491。

　　　　　2. 稅糧資料（洪武二十六年），取自吳緝華《明代社會經濟史論叢》（台北，學生書局，1970 年），頁 39～40。

　　　　　3. 寺院及新建資料依附表五至表二十一，統計而成。

　　　　　4. 古刹資料依附表五至表二十一，寺院數目減新建數目而成。

　　由上表可知，人口總數最多者依序爲：蘇州府、松江府、應天府；納糧總數最多者依序爲：蘇州府、松江府、常州府；寺院總數最多者依序爲：蘇

州府、松江府、安慶府；人口總數最少者依序爲：淮安府、和州、徐州；納糧總數最少者依序爲：廣德州、和州、太平府；寺院總數最少者依序爲：和州、淮安府、太平府。

茲據現象逐次論之如下：

由表二十，得知洪武時期蘇州府人口約 2,355,000，繳糧 2,810,490 石，寺院共有 719 所，在寺院中古刹佔 707 所，所以蘇州府是南直隷人口、繳納糧稅及寺院最多而且是佛教信仰鼎盛之府。另外松江府人口 1,219,000，納糧 1,219,896 石，寺院有 228 所，其中古刹 225 所，是南直隷人口、納量及寺院次多，而仍不失爲一個佛教鼎盛之府。但應天府的人口雖佔南直隷第三，而其寺院僅 84 所，其中古刹 74 所，卻不與人口數成正比，筆者認爲其因有二。

首先，應天府屬軍事、政治性都市，不似蘇、松二府是生產性的經濟都市；又因其戰略地位，常爲兵家所爭而淪爲戰場。如劉淑芬討論六朝建康城的興盛與衰落，指出「孫吳爲奠基期，東晉、宋、齊爲建設期，梁代爲極盛期，梁末爲破壞期，陳末爲毀壞期。……期間侯景駐兵建康，前後達半年之久，而在圍城戰中，……對建康城造成鉅大的破壞。……而東晉南朝以來建康的繁盛壯麗亦倏忽俱逝。」〔註11〕《金陵梵刹志》序云：「金陵爲王者都會，名勝甲寓內而梵宮最盛。蓋始自吳赤烏間迄於六朝、梁、陳所稱四百八十寺者此矣。」〔註12〕「梁、陳所稱四百八十寺」，依劉淑芬觀點不太可能指梁、陳時之佛寺，或許是對六朝的泛稱。由六朝 480 所到洪武古刹只餘 74 所，古刹之減少可能與戰爭有關。其實，金陵此例並非孤案，洛陽亦有相似之命運。近人周祖謨指楊衒之（生卒不詳）撰《洛陽伽藍記》之意：「在正光以後，以洛陽城內外而論，就有寺 1367 所。到孝靜帝爲高歡所迫遷都鄴以後，洛陽這些寺宇大半爲兵火所毀。衒之於武定五年（547）重經洛陽時，不禁有黍離麥秀之憾，因此藉記伽藍以陳述史實。」〔註13〕

其次，應天府的人口結構，洪武時受政策調動而增加部分人口。徐泓指出洪武末期南京人口結構：軍隊佔十分之四，又從全國各地（尤其蘇、浙一帶），移徙富民五千三百戶、小民兩萬戶，塡實南京。〔註14〕應天府的繁榮，

〔註11〕劉淑芬：《六朝的城市與社會》（台北，學生書局，1992 年）頁 35～71。
〔註12〕明・葛寅亮：《金陵梵刹志》（台北，廣文書局，1976 年）頁 1。
〔註13〕周祖謨：《洛陽伽藍校釋》（香港，中華書局，1976 年）序文提及北魏正光（520～525）後，單洛陽一城，就有寺 1,367 所。
〔註14〕同註 9，頁 105。

是政策性因素非社會經濟條件的成熟，故在洪武時其人口可暫時性大幅度增加，〔註15〕形成寺院總數不與之成正比。

大體而言，寺院分布與人口、納糧多寡仍有其相應性。在南直隸人口多、繳稅多的地方，也是代表南直隸最富庶之地，如蘇州、松江二府。它們亦較有能力供給寺院之生活所需，故寺院亦較它處多。人口少之處，其寺院亦少。但亦有例外，如安慶人口 422,000，居南直隸中等地位，而其寺院總數卻高居第三。在前言已提及地方寺院的分布，反映一地信仰、經濟、政治等多重面相，所以單由人口、賦稅多寡來看寺院分布，在解釋上乃嫌薄弱。若在加另一標竿：以「古刹數目」表當地歷年之信仰程度，則解釋層面立即廣闊。以安慶爲例，雖然其人口分布及賦稅在洪武時非前三名，但寺院總額仍可位居第三。因它的古刹數目佔南直隸第三，故寺院之多乃前代累積而成。此外，鳳陽府情況亦值得探究。其人口 427,000 與安慶府不相上下，但寺院總額卻居南直隸倒數第五位，其因由可能古刹少，而人口增多乃政府鼓勵移民所致。〔註16〕

又由上得見，以經濟生產功能爲主的蘇、松二府，其寺院分布多於以軍事、政治功能起家的應天府。另外，人口不相上下的都市，其寺院分布以古刹居多的安慶府超過龍興之地——在政策上鼓勵移民的鳳陽府。

二、人口、賦稅與寺院修建之對照分析

上文介論寺院數目與當地經濟背景之相應關係，下文再論述經濟背景與寺院修建（包括重修與新建）關係爲何，先將資料列成下表：

表二十一——南直隸人口、賦稅與寺院修建對照

府、州	人口(千人)	稅量(石)	舊寺院	重修	新建	修建總數	寺院總數
蘇州府	2,355	2,810,490	709	51	10	61	719
松江府	1,219	1,219,896	225	10	3	13	228
應天府	1,193	331,876	74	18	10	28	84
常州府	775	652,835	90	61	1	62	91
揚州府	736	297,806	96	3	0	3	96

〔註15〕同註 14，頁 36：「總之，南京自從永樂遷都以後，居民減少一半以上。」
〔註16〕徐泓：〈明初洪武年間的人口移徙〉，《第一屆歷史與中國社會變遷研討會》頁 240。

徽州府	592	165,404	174	46	0	46	174
寧國府	532	244,660	163	43	8	51	171
鎮江府	522	324,646	185	19	5	24	190
鳳陽府	427	230,465	42	33	7	40	49
安慶府	422	131,636	199	168	17	185	216
廬州府	367	91,190	110	0	2	2	112
太平府	259	67,680	33	11	0	11	33
廣德州	247	30,570	35	0	4	4	39
池州府	198	128,961	54	2	0	2	54
徐　州	80	141,640	53	4	3	7	56
和　州	66	4,834	7	0	0	0	7
淮安府	63	354,710	7	16	6	22	29

說明：1. 重修及新建資料依附表五至表二十一，統計而成。

　　由上表可知，人口總數最多者依序爲：蘇州府、松江府、應天府；納糧總數最多者依序爲：蘇州府、松江府、常州府；寺院修建最多者依序爲：安慶府、常州府、蘇州府；人口總數最少者依序爲：淮安府、和州、徐州；納糧總數最少者依序爲：廣德州、池州、太平府；寺院修建最少者依序爲：和州、池州府、廬州府。

　　安慶府人口 422,000 佔南直隸第十名，居中等地位，而在洪武二十六年繳糧 131,636 石，排名十二，雖非富鄉但亦非完全貧瘠之區；其寺院總數 216 所居第三，古刹不少，有 199 所之多，不可不謂它也是南直隸一個佛教信仰鼎盛之處。依筆者推測安慶府的寺院頻頻修建，如上述所言，以經濟背景而言，它非南直隸之經濟中心，故經濟強大非寺院修建最多之主要因素；或者在元末朱元璋與陳有諒相爭時，受戰亂影響安慶寺院損毀較劇，〔註 17〕而在洪武時有大量修建；或許是安慶寺院較能得到社會大眾支持，而能頻頻修建，此外，比起上述因素，或可言信仰是一個重要因素。如果可找到洪武時期安慶寺院爲何要重修新建的資料，則能證明此假設是否成立。遺憾的是，查閱相關資料如《安慶府志》的藝文、金石等志，或石刻資料如《江蘇金石志》《兩

〔註17〕　吳晗：《朱元璋大傳》（台北，遠流出版社，1991 年）頁 93～94，提到陳友諒與朱元璋對峙時，朱氏攻下安慶。陳氏不服輸，又遣將取下安慶。朱氏亦不服輸，親自統軍，一鼓再攻下安慶。

浙金石志》……等，卻無此類資料記載。故此假設只能闕疑，尚待來日新資料發現以證之。

　　常州府人口 775,000，佔南直隸第四名，納糧 652,835 石，排名第三，亦位於太湖附近，與蘇州府、松江府同爲江南財經重地。洪武時常州府（62 所）與蘇州府（61 所）寺院修建額，二者不相上下。大體而言，寺院修建多的地方與人口、糧稅較多之處成正比。但修建過低之處，依目前資料顯示，無法找出與其相應之由。

第二節　南直隸寺院回應佛教管理之探討

　　在第二章只介紹明太祖管理佛教政策，但並未探究其政令是否實行，本節筆者試將以南直隸地方寺院爲例，討論其對洪武某些佛教政策之回應。

一、地方寺院歸併概況

　　雖然《太祖實錄》未見任何有關歸併寺庵的條項，但在《金陵梵刹志・欽錄集》記洪武二十七年清理佛寺之條例：「凡僧之處於市者，其數照歸併條例，務要三十人以上聚成一寺，二十以下者，悉令歸併。」〔註18〕同時在地方志亦見到洪武歸併庵寺以成叢林的記載。《正德姑蘇志・寺觀上》云：「吳中多佛老之區，雖更洪武歸併而其廬故在也，既不可廢則列其叢林，而諸歸併者各附見焉。」〔註19〕《化成重修毗陵志》亦云：「皇明定制，自非古有賜額，爲國祝釐者，悉令歸併從其自廢。」〔註20〕二者皆言洪武歸併寺院一事，但未言何年。而《正德松江府志》直言洪武二十四年歸併諸小庵院以成叢林。〔註21〕由〈欽錄集〉、地方志證之，實際上在洪武時曾舉辦寺院歸併之工作。

　　何謂歸併？由上引述得之，如「吳中多佛老之區，雖更洪武歸併而其廬故在也。」故洪武時之歸併非廢寺，而是將二十人以下之寺院，附屬在大寺

〔註18〕同註 12，頁 25a。《金陵梵刹志・欽錄集》與《稽古略續集》，頁 259～260，都記載洪武二七年清理佛教之榜文，但〈欽錄集〉較詳細，上述記載《稽古略續集》即缺。

〔註19〕同註 1，卷 29，頁 617。

〔註20〕明・朱昱：《成化重修毗陵志》（據成化二十年，1484 年刊本），卷二八〈寺觀〉，頁 451。

〔註21〕明・顧清等：《正德松江府志》（據正德七年，1512 年刊本），卷十八〈寺觀〉，頁 55。

內以便管理。如附錄表七,所謂華亭叢林有南禪等寺,其中歸併於南禪寺有寺一(積慶禪寺)、庵二(四十八願庵、仁壽庵),這些被歸併的寺庵仍保有其庵舍,故《正德松江府志》云:「凡稱叢林者,皆洪武二十四年清理佛教時,歸併諸小庵院而成其歸併者。三十五年俱令復舊,有反盛於叢林者,今仍附各叢林下,以存舊制。」[註22]洪武三十五年即建文四年(1402),令各寺庵復舊,結果有小寺庵被歸併後,反盛於叢林。可見洪武時的歸併,非直接將小寺廢掉,而是集中小寺,附屬大寺之下,以便管理。

提及歸併,則要問何謂叢林?叢林,原稱「阿蘭若」,印度原用以稱僧眾住處。佛教建立寺院後,泛指佛寺。[註23]但由上述《正德松江府志》之引文,提到「凡稱叢林者,皆洪武二十四年清理佛教時,歸併諸小庵院而成其歸併者。」則洪武時的叢林,不是泛指一切佛寺。龍池清同意清水泰次,將洪武時的叢林定義為「認定寺觀」。[註24]換言之,是指居三十人以上,官方認定的寺院,亦是上引文《成化重修毗陵志》所云:「非古有賜額,為國祝釐者,悉令歸併,從其自廢。」

整理南直隸地方志有關寺院歸併情況,發現應天、徐州等九府沒有歸併資料;太平府未言歸併數目,但有八寺以成叢林之記錄。另外,寧國府亦然,有二十四寺以成叢林。下列將有歸併的六府列成下表:

表二十二:南直隸寺院歸併

府	原寺數	歸併數	歸併率	餘寺數	餘寺率
蘇 州	719	577	80%	142	20%
松 江	228	148	65%	80	35%
徽 州	174	49	28%	125	72%
淮 安	29	5	17%	24	83%
揚 州	96	3	3%	93	97%
鳳 陽	49	1	2%	48	98%

說明:上述資料依附表二十二至表三十,統計而成。

由上文知之,只有八府記載寺院歸併一事,其餘從缺。而在八府裡以蘇

[註22] 同註21,頁55。

[註23] 中國大百科全書出版社編輯部編:《中國大百科全書·宗教》(北京,中國大百科全書出版社,1991年)頁336。

[註24] 龍池清:〈明初の寺院〉,《支那佛教史學》,1938年,第2卷,4號,頁25。

州、松江二府歸併最烈。蘇州府 719 所歸併 577 所，剩下 140 所，歸併率達 80%之高；松江府 288 所歸併 148 所，剩下 80 所，歸併率達 65%，不可說不高。

　　蘇州、松江二府是全國田賦主要收入地，政府為了確保財政收入，非常重視此區地方官的人選，〔註 25〕以利國家管理。又洪武三年（1370），太祖問戶部：「天下民孰富？產孰優？」對曰：「以田賦校之，惟浙西多富室，若蘇州一郡，民歲輸糧百石至四百石者四百九十戶，五百至千百者五十六戶……而歲輸十五萬有奇。」上曰：「富民多豪強，故元時此輩欺凌小民，武斷鄉曲，人受其害。宜召之來，朕將勉諭之。」于是諸郡富民入見，諭之云云，皆頓首謝。〔註 26〕明太祖聽浙西多富室，如蘇州府一地就歲輸十五萬有奇，即說富民多豪強，要召見告諭。此亦是例證之一，說明太祖本人重視蘇州府等地，故其對之管理不可說不嚴。又洪武時亦限定戶部官不得用「浙江、江西、蘇、松等人」；戶部吏不許用「江、浙、蘇、松等人」〔註 27〕明代政府需要依賴這些地區的經濟資源，但又畏懼其地方勢力的實力增強，故對此區的干涉頗為用力。

　　洪武二四年（1391）清理寺觀，令歸併庵院以成叢林。首先如日本學者龍池清〈明初の寺院〉提到清理僧寺之由，乃是「今天下之僧，多與俗混淆，尤不如俗者甚多，是等其教而敗其行，理當清其事而成其宗。」龍池清認為太祖不願僧俗混淆，以致僧團或社會蒙其害。〔註 28〕對當時僧俗混淆狀況，筆者以為目前限于資料無法處理，但可以追問：為什麼太祖不願僧俗混淆，其理由為何？

　　太祖取天下時，藉白蓮教之力可謂不少，待天下底定，基于政治考慮則嚴加禁止其活動。但其餘勢仍在洪武時期不斷地引發教亂，且此教亂常牽涉到佛教。第二章對此已有論述。舉事者常自稱彌勒佛降生、燒香聚眾、傳寫佛教惑人。故太祖藉歸併寺院，以利管束僧人，防杜僧俗混淆，以免不肖之徒，藉機聚眾滋事。

　　其次如清水泰次〈明代に於ける佛道の取締〉提及限制寺觀或整理其與

〔註 25〕唐文基：《明代賦役制度史》（中國社會科學出版社，1991 年）頁 88。
〔註 26〕洪煥椿：《明清蘇州農業經濟資料》（江蘇，江蘇古籍出版社，1988 年）頁 472。
〔註 27〕李洵：〈明代政界的地域性從政限制〉，《史學集刊》，1991 年，第 3 期，頁 30～34。
〔註 28〕同註 24，頁 21。

外間之交涉,是禁止其向外奔走、交構有司,含有思想取締之義。〔註29〕餘
此外,上文引用的《重修毘陵府志》亦云:「皇明定制,自非古有賜額,爲國
祝釐者,悉令歸併從其自廢。」可說明歸併之由,故清水氏在〈明代の寺田〉
談到太祖不希望存有太多寺院,而予合併減之。〔註30〕對上述歸併之由,筆
者以爲主要是太祖僧俗隔離政策下的產物,爲方便管理僧眾,防僧俗混淆,
故有寺院集中管理的歸併政策。

毋論太祖是基于何種因素實施寺院歸併,此措施究竟施行如何呢?龍池
清、清水泰次等皆未就一區域作詳細考察。筆者以南直隸爲對象,歸納出歸
併最劇之地仍是蘇州府及松江府。上文略述中央對此二府之管制謹嚴,在此
又可得到印證,中央對二府之管理,不只是財經、政治而已,連宗教管理亦
不放鬆,故成爲歸併時首衝之地。

蘇州府寺院歸併率 80%,可見當時太祖採決然的處理態度。比較《正德
姑蘇志》與《康熙蘇州府志》,發現二者對洪武寺院歸併之記載有截然不同的
結果。《姑蘇志》載歸併寺院 577 所,而《蘇州府志》只有 5 所。大抵清代地
方志資料是承襲明代刊本,爲何有此現象,或許由於太祖決然處理,故在明
刊本的地方志有記載,但可能其延續性不強、效果不彰,故到清時此資料即
付之闕如。

換言之,洪武之寺院歸併乃曇花一現,但此並未全抹殺歸併後的影響。
在南直隸地方地中雖找不出因歸併寺院而達成防杜僧俗混淆之效果的資料,
但在《康熙蘇州府志》找到:大林庵在洪武二十五年(1392)詔清理釋教時,
庵併入萬壽寺遂廢。〔註31〕雖是孤證,但也透露出一些端倪,因歸併而有庵
毀之例,達到減少寺院的用意。

二、地方寺院分類概況

佛教源自印度,在印度有原始佛教、部派佛教、大乘佛教的發展。初傳
中土,在佛經傳譯之初期,中國以融合的態度翻譯印度大小乘之學,南北朝
時因各家對經典註解有不同看法,導致宗派初成,有謂隋、唐以前成六宗之

〔註29〕清水泰次:〈明代に於ける佛道の取締〉,《史學雜誌》第 40 卷之 2,1929 年,
頁 22。
〔註30〕清水泰次:〈明代の寺田〉,《東亞經濟研究》8 卷 4 號,1924 年,頁 205。
〔註31〕清·沈世奕:《康熙蘇州府志》卷三八〈寺觀志〉,頁 10a(據康熙二十二年,
1691 年刊本)。

說，〔註32〕直至隋、唐宗派大盛而有十宗，可是歷經宋代已有多宗式微、失佚，如法相、成實、俱舍、三論等，產生諸宗融合之傾向。〔註33〕代之而起的是以禪、律、講（教）為大致歸類標準，直到明太祖洪武十五年（1382），下詔另以禪、講、教代替。

中國佛教從東漢歷經隋、唐到明、清，其宗派意識由無→漸強→強→漸弱，如冉雲華云：「在菩提達摩（？～535）及其弟子慧可（487～593）時代，只有師承傳的個人關係而已，根本無宗派可言。事實上不僅禪宗還未建立，就是其它中國佛教宗派，都還沒有建立。魏晉南北朝時代偶有用宗稱者，如涅槃宗、地論宗等，都是指研究佛典教義的學派，與隋唐以來的宗派不同。」〔註34〕顏尚文認為「宗派」有兩項基本因素：宗義與師承，〔註35〕提出「南北朝末年是宗派形成之時，唐代會昌法難（842～846）是佛教與宗派由盛而衰之轉捩點。宋代則為宗派解體，禪宗獨盛的時代。」〔註36〕如上所言，隋唐時諸宗完成，宋時產生諸宗融合傾向，所謂宗派解體，非突然瓦解而是循序漸進，故宗派意識區由強趨弱是歷史潮流。此潮流到清末民初，一代大師太虛亦言他「不是傳承任何宗派的宗徒，不過是總依釋迦遺教……學修菩薩行者而已。」〔註37〕

當時佛教的宗派意識已漸趨薄弱，明太祖下詔再分類，其考慮點是基于政治因素，為便於管理。龍池清提到太祖對于教團的根本政策乃在隔離僧俗之生活，俗人不得接近寺院，僧侶必須居住寺院，不得雜處民間等。〔註38〕而太祖又認為宗教具有教化之用，所以又在十五年頒布三宗制度，完全以教僧來擔任世俗之教人工作，〔註39〕且在同年制定三宗之僧服顏色，其用意也是為了避免三宗之混淆。〔註40〕

究竟寺院分類政策，太祖是否執行？成化《重修毘陵志・寺觀》記載「太

〔註32〕　蔣維喬：《中國佛教史》，收在藍吉富主編《現代佛學大系》（台北，彌勒出版社，1983年）頁78。

〔註33〕　同註32，頁8。

〔註34〕　冉雲華：〈敦煌遺書與中國禪宗歷史研究〉，《中國唐代學會會刊》，1993年，第4期，頁53。

〔註35〕　顏尚文：《隋唐佛教宗派研究》（台北，新文豐出版社，1980年）頁9。

〔註36〕　同註35，頁17。

〔註37〕　太虛大師：〈佛教之新認識〉，收在《太虛大師全集》第28冊（台北，善導寺佛經流通處出版，1980年）頁528。

〔註38〕　龍池清：〈瑜伽教僧〉，《東方學報》，1940年，11-1，頁406。

〔註39〕　同註38，頁407。

〔註40〕　同註24，頁19。

平講寺，國朝洪武二十四年改講寺。」〔註41〕或「崇法教寺，（洪武）二十四年改教寺。」〔註42〕這些例證多得不勝枚舉。由此印證，洪武時寺院分類政策不是空談。又見附錄表十四《重修毗陵志》的寺觀記載，若列爲叢林者，其寺皆有禪、講、教等分類；反之，大多未分類，可見叢林是政治力量所及之處。下列將南直隸寺院分類概況，列成下表：

表二十三：南直隸寺院分類

府、州	寺院總數	分　　　類				不分類	分類寺院佔總數之比例
		禪	教	講	合計		
蘇州府	719	145	432	112	689	30	96%
松江府	228	55	101	33	189	39	83%
常州府	91	30	24	3	57	34	63%
寧國府	171	16	88	3	107	64	63%
揚州府	96	22	33	3	58	38	60%
太平府	33	5	7	0	12	21	36%
淮安府	29	4	6	0	10	19	34%
鳳陽府	49	7	1	0	8	41	16%
徐　州	56	3	1	0	4	52	7%
應天府	84	1	0	2	3	81	4%
徽州府	174	8	0	0	8	166	4%
廣德州	39	2	0	0	2	37	5%
池州府	54	0	0	0	0	54	0%
安慶府	216	0	0	0	0	216	0%
和　州	7	0	0	0	0	7	0%
廬州府	112	0	0	0	0	112	0%
鎮江府	190	0	0	0	0	190	0%

說明：上述資料依附表五至表二十一，統計而成。

由表二十三知之，分類比例最高的是蘇州府 96%，依次爲松江府 83%、

〔註41〕同註20，頁454。
〔註42〕同註20，頁455。

常州和寧國二府同為 63%。其中蘇、松、常府如上所述，乃江南財經重地，其管制不得不嚴。而寧國府人口 532,000 佔南直隸中等地位；其寺院總數 171 所，排名第六，與它不差上下的鎮江府、徽州府相較，為何其分類比例可以高居第三位，限於資料目前無法釋疑。

見到太祖對寺院分類採重點式的執行，分類比例最高者又是蘇州府、松江府及常州府，說明了太祖逆上述宗教潮流，實施寺院分類時，其考慮仍是以經濟發達、人口、糧稅、寺院總數較多的蘇州等府為執行對象。

另外由分類比例，發現教寺比例大多高於禪、講二寺，如蘇府的教寺有 432 所，超出禪（144 所）、講（112 所）；松江府亦然，教寺 101 所超出禪（55 所）、講（33 所），此現象所代表之意義亦頗值得探究。

洪武十五年下令禮部依佛寺之設歷，分為三等曰禪、曰講、曰教，其中教的定義：「教者演佛利濟之法，消一切見造之業，滌死者宿作之愆。」〔註43〕即教僧是為消除一切現造業、滌死者宿作之愆，為人民祈穰誦諸眞言密咒而行瑜伽顯密法事儀式者的僧人。第二章提及龍池清對此解釋的理由有二，即世俗的教化（此教化是指藉佛事以圖善導人心之安定），不過當時由於僧俗混淆，故頒布三宗制度，完全以教僧來擔任世俗的教化。又元末有假借佛教名義，模仿法事，為害治安，擾亂民心，太祖時為管理之，乃直接規定，為應付世俗需要，而需作佛事之事全交給教僧處理。〔註44〕換言之，太祖只允許教僧與民眾接觸（當然其對教僧會有一套管制，如第二章所提的定僧道服色、定法事儀軌、誦經價格等），且為利用教僧達成社會教化，而名正言順地成立之。

但這些教僧只是儀式的執行者，在佛教教理史上是不作任何深究，且也不以明心見性為本宗，可是他們直接和一般大眾接觸，成為世間批評僧人的直接對象。無怪乎明清以來社會大眾對佛教的認識大都停留在「死人佛教」之階段，忽略了佛教除經懺佛事外，尚有其他層次。當然大眾對明清佛教如此之評價，也有佛教其內在發展背景，如明代佛教並非以教理取勝，而是以信仰、社會法事的活動為主。〔註45〕又如中村元稱明代佛教為「庶民佛教」，引用魯迅等人的看法，認為金瓶梅「擅於反映明代社會實態的社會小說文學作品」，而提出「金瓶梅所記述的明代佛教眞相已遠離佛教本質，流行者不具

〔註43〕同註12，頁141。
〔註44〕同註38，頁409。
〔註45〕清水泰次：〈明代佛道統制考〉，《東洋史會紀要》，1937年，第2期，頁4。

備信念內容的佛教法會，而形成社會風俗之一。」〔註 46〕但不能否認地，佛教內在之發展趨勢，加上明太祖的措施，促成上述評價之形成。

三、地方寺院設立僧綱等司之概況

第二章論述太祖立僧官制之種種內涵，在中央設僧錄司、府立僧綱司、州有僧正司、縣爲僧會司，除中央僧官制外，這些地方僧官制之措施實行如何？下列將南直隸地方志有關各府、州、縣、設立僧官機構等情況列成下表：

表二十四：南直隸寺院設立僧綱等司表

府、州	僧綱、正、會司等數	設有佛寺之縣數	百分比
蘇州府	7	7	100%
松江府	2	2	100%
常州府	5	5	100%
寧國府	6	6	100%
揚州府	9	9	100%
太平府	3	3	100%
淮安府	10	11	91%
鳳陽府	12	16	75%
徐　州	1	5	20%
應天府	6	6	100%
徽州府	3	6	50%
廣德州	2	2	100%
池州府	6	6	100%
安慶府	6	6	100%
和　州	2	2	100%
廬州府	8	8	100%
鎮江府	2	3	67%

說明：上述資料依附表三十一，統計而成。

南直隸有十二府全部設僧綱等司，其它也超過半數，只有直隸州的徐州除外，其設立比例不可謂不高。大體而言，由設立比例可以看出太祖爲簡束

〔註46〕中村元編、余萬居譯：《中國佛教發展史》（台北，天華出版社，1984 年）頁461～462。

僧侶，使他們恪守戒律，闡揚教法而實行統理教團的官僚制度之決心。

但此宗教官僚制度施行如何？康熙《蘇州府志》，卷四，〈官署·廢署〉：「因陰陽學、僧綱司等非要職，且無常署，故官雖設，概列廢署。」〔註 47〕清代官制大抵沿襲明制，清初它已列入廢署，名存實亡。由此推之，當初太祖雖有心設立僧官制，而到清代也有可能淪爲廢署之命運。

第三節　寺院分布與政治、社會等其他關係

先論地方寺院敕建、賜田、賜額等概況，在南直隸各府只有鳳陽、應天有此優惠，反映太祖之禮遇佛教，亦是與政治有關。今將其列成下表：

表二十五：南直隸寺院敕建、賜田、賜額

類別／府	鳳　　陽	應　　天	其他府
敕　　建	5	8	0
賜　　額	3	10	0
賜　　田	1	2	0

說明：1.上述資料依附表五至表二十四，統計而成。

敕建、賜田、賜額在南直隸各府只有身爲首都之地的應天府、龍興之地的鳳陽府有之，如《金陵梵刹志》云：「鐘山靈谷寺，國初名蔣山寺，因塔邇宮禁，洪武十四年敕改今地，賜額靈谷禪寺，……敕書第一禪林寺。……聖祖命瞻僧千人，賜田獨倍他寺。僧眾額設右覺義一人總其事。」〔註 48〕由上述文意知之，靈谷寺地位等於官寺，非只是一般普通寺院。太祖下令改建、賜額、敕書，又在僧眾裡選拔僧錄司中右覺義。故太祖賜田於靈谷寺，非只是單純的經濟因素「命瞻僧千人」而已，若無上述太祖與靈谷寺之關係，爲何不賜田於他寺，而獨鍾靈谷寺？

又如應天府天界寺，僧錄司即設於此。《金陵梵刹志》：「洪武二十一年寺災，敕徙城南，……出內帑大建刹宇，（賜名）更曰天界榜寺，門曰善世法門，復賜田地、廬州若干頃。」〔註 49〕另外，如鳳陽府大龍興寺，由其寺名「大龍興寺」即知是太祖爲紀念其故鄉，龍興之地的鳳陽而所建。《成化中都志》：

〔註 47〕同註 31，頁 15a。
〔註 48〕同註 12，頁 227～228。
〔註 49〕同註 12，頁 665。

「洪武間撤中都宮室名材建,規模宏狀,設僧錄司一員,……賜田地、山場以供僧用。」〔註50〕如上所言,只有鳳陽、應天二府有之,其他各府均缺,可見它們的產生與政治應具有密切關係。

次述政府及社會等勢力可侵毀寺院,縱使洪武不實施毀佛政策,但爲了軍事、政治等目的,也會侵損寺院。《姑蘇志》長洲縣寶光講寺:「洪武中,即寺爲軍營,遂廢。」〔註51〕嘉定縣崑福講寺:「洪武初改顧涇巡檢司,即舊靈順吉祥院改建之。」〔註52〕太倉州隆福教寺:「洪武中以其基爲鎮海衛,邑人孫徹願捨所居,改建於此。」〔註53〕《正德松江志》華亭縣延慶講寺:「洪武初,嘗籍於官。」〔註54〕

不只上述力量,連社會大眾之其它信仰亦會侵毀寺院。吳縣雍熙寺:「洪武初,以其地爲城隍廟。」〔註55〕華亭縣興聖教寺:「洪武初,以其地三分之二作城隍廟。」〔註56〕

由上例證之,如同緒論所言,寺院之存在,非單一的宗教需要即可,若無法得到政治、社會當局的支持,也會淪落成被毀侵佔之地步。

第四節　小　結

本章以南直隸寺院爲個案研究,欲明地方寺院回應若干洪武政策,並探究地方寺院反映多少「山林佛教」、「死人佛教」、「經懺佛教」之發展趨勢。

首先,統計南直隸各府地方寺院歸併、分類及設立僧綱司等概況。除各府大致普遍設立僧官機構外,發現其他政策太祖大多採重點式執行,如蘇州府及松江府正好說明在經濟發達、中央與地方關係密切,且寺院櫛比林立之區,其宗教管制與之相呼應,成爲政策實施之首衝要地。

但安慶府與之相較,恰好又是另一類型。安慶府人口分布居南直隸中等,持續累積不少的古刹,成爲佛教信仰昌盛之處,故其寺院數量、修建數額可以佔第三及第一位。但也因爲它不是政治、經濟中心,由地方志資料知其寺

〔註50〕明、柳瑛編:《成化中都志》(據弘治元年,1488年刊本)頁358。
〔註51〕同註1,頁379。
〔註52〕同註1,頁422。
〔註53〕同註1,頁426。
〔註54〕同註21,頁81。
〔註55〕同註1,頁400。
〔註56〕同註21,頁74。

院歸併率及分類比例都是 0%，顯示其地方寺院並未積極地回應洪武的佛教管理政策。

　　另外，以軍、政起家的應天府，及龍興之地的鳳陽府，雖有政府贊助之舉──敕建，但其寺院數量、修建數額仍敵不過前二者。而對洪武的佛教管理政策之回應，不似安慶府的全無回應，但亦不如蘇州等府的熱烈回應。由此窺知，太祖各地的管制強度不一，而對蘇、松等地的控制強過其它各府。

　　另外在寺院分類裡，發現教寺比例大多高過禪、講二寺，說明多與民眾接觸的教寺比作教理深究、弘揚的講寺，及以明心見性爲宗的禪寺還多。加上第二章所言，太祖採僧俗隔離政策，今禪、講二僧隱深山崇谷、或居叢林，不可與民多接觸。換言之，禪、講二僧是與民眾隔核，而與民眾接觸的是以儀式、法事擅長的教僧。故反應民眾對佛教的認識，只能停留在「經懺佛教」、「死人佛教」的層次，亦如中村元上述所稱明代明佛教爲「庶民佛教」，流行著一種不具備信念內容的佛教法會，而形成社會風俗之一。

第五章 結 論

　　清末、民初佛教常被評爲「死人佛教」、「經懺佛教」、「山林佛教」，筆者認爲此種現象，實有歷史脈絡可循。基於種種蛛絲馬跡，假定洪武時期佛教發展，頗具關鍵性。故本文旨在討論洪武時期佛教的發展，其重點在於洪武時期佛教與後來明、清及現代佛教有何關係。因此本文試從三方面切入：首以外在環境——太祖的佛教政策著眼，次由內在因素——僧侶活動切入，最後再以南直隸寺院分布爲例，究明此時佛教回應洪武若干政策，及與「山林佛教」、「經懺佛教」、「死人佛教」此種趨勢發展之關係。

　　由洪武政策切入，整理其政策約有三類：管制、隔離、懷柔及禮遇，而以隔離政策爲其特色。歸納之有一要點：令有教理研究的講僧、有行持的禪僧離群索居、遠離大眾，而與民眾接觸大多是執行經懺禮儀的教僧。故明清以後，世人對佛教的看法不外是僧徒避世修行，或以經懺爲業，此與太祖強調僧人當在靜處、不出戶牖，不言僧侶要大力參與社會的政策相呼應，同時也與太祖只限「教僧」或「應赴僧」與民眾接觸之意相符合。總之，其政策原則是僧俗隔離，方式是採限制而不禁絕。制定佛教政策的基礎有奠基於前代成果，有親睹宗教帶給元朝的危害，及受個人思想、認知之影響而加以改革制定。

　　在僧侶活動方面，試從僧侶政治及宗教性活動下手，得知此時僧侶與政治保持密切關係。而在宗教活動方面，其表相似爲繁榮，但在佛學思想之表現已有重禪定輕義理，以定門統攝戒、慧二門的傾向。因爲重禪修輕教理，令僧侶有遠離知識的危機；也因專重定門，惟務明心見性，讓僧侶好山林靜修，走向遠離社會大眾的命運。

最後以南直隸寺院爲例，發現在寺院分類裡，教寺比例大多高過禪、講二寺，說明多與民眾接觸的教寺比作教理深究、弘揚的講寺，及以明心見性爲宗的禪寺還多。又太祖採僧侶隔離政策，令禪、講二僧隱深山崇谷、或居叢林，不可與民多接觸。換言之，禪、講二僧是與民眾隔閡，而與民眾接觸的是以儀式、法事擅長的教僧，成爲世人批評僧侶的直接對象。故反應民眾對佛教的認識，只能停留在「經懺佛教」、「死人佛教」的層次。另外也說明在經濟發達、中央與地方關係密切，且寺院櫛比林立之區，如蘇州府及松江府，其宗教管制與之相呼應，成爲宗教政策實施之首衝要地。

如上所言，此期佛教擁有社會資源，如人力、物力等，但寺院、僧侶未積極投入社會事務，反積極走向方外世界，遠離知識使得佛教在教理上難以創新、再詮釋，以回應時代需要；亦不能如西方教士，如耶穌會扮演知識的傳播者，成爲社會思潮的領導者。又遠離社會大眾，難以回應眾生的苦難，提供眾生之需求，故也難以得到社會的認同支持。因此有學者如鐮田茂雄、黃懺華等，評明清佛教爲中國佛教之「衰微期」；此外另有學者如于君方不同意上述看法，提出明代佛教有其存在的地位與價值。誠如余氏所言不虛，但不可否認，基本上此時佛學思想不重思辯，且無創新之處，又重禪修輕教理、遠離知識、社會大眾，故亦可言此時僧侶學佛的傾向，已種下日後明清佛教被評爲「山林佛教」、「死人佛教」、「經懺佛教」的因子。

至於本文對於洪武時期佛教發展之研究，只能算是初步的探究，尚有許多課題未作處理，如可再探討佛教信仰在當時民間流行情況，但限於斷代關係，想找到能反應洪武一朝，佛教流行於中下階層的資料，恐怕有困難；另外，當時僧團的社會功能、寺院經濟爲何，及當時名僧如梵琦、宗泐……等人各各思想如何，皆可再闡發；此外，第三章還可再追問：洪武時佛教爲甚麼會重禪定輕教理，對於此課題則需再往上探索。目前有研究的，如黃運喜提出會昌法難之後，因爲佛典散佚，造成禪、淨獨盛，他宗衰微的局面。〔註 1〕雖有上述如黃氏之研究，但筆者以爲這些研究尚屬周邊，而未觸及核心問題：佛教在中國流傳過程中，是否其思想已有流變，由難行的、爲眾生的菩薩信仰，轉成趨向於專重當身成就、個人生死的「即身成佛」、「即生成就」等思想。諸如此類問題尚多，有待更進一步的研究。

〔註 1〕黃運喜：《會昌法難研究——以佛教爲中心》（文化史學碩士論文，1987，未刊本），頁 129～141。

附表一：洪武時僧人籍貫及活動區域之地理分布表

說明：1. 資料均係明時地名，查對《中國地名大辭典》及《中國古今地名大辭典》，標出現代省名，以下皆同。

　　　2. 生卒年代參考陳垣《釋氏疑年錄》，以下皆同。

　　　3. 「×」表資料中無此記載，以下皆同。

人　　名	籍貫	政治活動區域	宗教活動區域	備　　註
1. 宗泐（1318～1391）	浙江	印度、江蘇	浙江、印度	40. 除外，1～69 依《新續高僧傳》。卷二，頁 136～138
2. 智光（？～1435）	山東	江蘇、西域	江蘇	卷二，頁 138～139
3. 無極（1333～1406）	雲南	雲南、江蘇	雲南	卷五，頁 239～242
4. 祖儞（1309～1379）	江蘇	江蘇	浙江	卷五，頁 243
5. 弘道（1315～1392）	江蘇	江蘇、浙江	浙江	卷五，頁 244～246
6. 行丕（？）	浙江	×	×	卷五，頁 247
7. 原眞（1344～1385）	江蘇	×	江蘇	卷五，頁 247
8. 善學（1307～1370）	江蘇	潛溪	廣東、浙江	卷五，頁 248～252；潛溪，今地不詳。
9. 慧日（1291～1379）	浙江	江蘇	浙江	卷五，頁 253～256
10. 如玘（1320～1385）	浙江	江蘇	浙江	卷五，頁 257
11. 大同（1290～1370）	浙江	江蘇	浙江	卷五，頁 257～261
12. 原瀞（1312～1378）	浙江	浙江、江蘇	浙江	卷五，頁 262～266
13. 士璋（1323～1368）	浙江	江蘇	浙江	卷五，頁 266～268
14. 普仁（1312～1375）	湖南	浙江	浙江	卷五，頁 269
15. 德祥（1330～1392）	浙江	浙江	浙江	卷五，頁 270；又據《補續高僧傳》卷 25，頁 368。

16. 紹宗（1338～1397）	江蘇	江蘇、江西	浙江、江蘇	卷五，頁 270
17. 明德（1294～1372）	浙江	×	浙江	卷五，頁 271～273
18. 懷渭（1317～1375）	江西	×	浙江、江蘇	卷五，頁 273～274
19. 道聯（1346～1409）	浙江	浙江	浙江、江蘇	卷六，頁 279～281
20. 居敬（？）	×	×	浙江、江蘇	卷六，頁 282
21. 普智（？～1408）	浙江	×	浙江	卷六，頁 282
22. 善啓（1369～1443）	江蘇	×	江蘇	卷六，頁 283
23. 班的答（？1381）	印度	江蘇	印度	卷十八，頁 611～613
24. 智度（1304～1370）	浙江	江蘇	浙江	卷十八，頁 621～624
25. 智及（1311～1378）	江蘇	江蘇	浙江	卷十八，頁 625～626
26. 慧照（1289～1373）	浙江	×	浙江	卷十八，頁 626～629
27. 永寧（1292～1369）	江蘇	×	江蘇	卷十八，頁 613～620
28. 寶金（1308～1372）	江西	江蘇	浙江、四川	卷十八，頁 633～636
29. 具生（？）	印度	江蘇	印度	卷十八，頁 637～638
30. 印原（1295～1374）	日本	×	浙江	卷十八，頁 638～642
31. 文琇（1345～1418）	江蘇	×	江蘇	卷十八，頁 650
32. 慧無盡（？）	×	×	江蘇	卷十八，頁 650
33. 道謙（？～1396）	江西	江蘇	×	卷十八，頁 655
34. 居頂（？～1440）	浙江	江蘇	浙江	卷十八，頁 655
35. 淨戒（？～1418）	浙江	江蘇	江蘇	卷十八，頁 655～646
36. 能義（1346～1415）	浙江	×	江蘇	卷十八，頁 656
37. 德始（？～1429）	日本	×	浙江	卷十八，頁 657～659
38. 慧曇（1304～1371）	浙江	江蘇、西域	浙江、江蘇	卷三四，頁 1047～1051
39. 崇裕（1304～？）	江蘇	江蘇	浙江、江蘇	卷三七，頁 1115～1119
40. 曇噩（1285～1373）	浙江	江蘇	浙江	《宋學士全集補遺》卷八
41. 榮枯木（1301～1373）	浙江	江蘇	浙江	卷三七，頁 1121

42. 啟原（？～1407）	日本	×	×	卷三七，頁 1125～1126
43. 杜聖（？）	河北	×	江蘇	卷三七，頁 1128～1129
44. 董伽（？）	河北	江蘇	江蘇	卷三七，頁 1128～1129
45. 可授（1307～1375）	浙江	×	浙江	卷四三，頁 1281～1282
46. 悅顏（1314～1387）	廣東	×	雲南	卷五十，頁 1480
47. 世愚（1301～1370）	浙江	×	浙江	卷五一，頁 1485～1489
48. 輔良（1317～1371）	江蘇	×	浙江、江蘇	卷五一，頁 1489～1493
49. 智順（？～1373）	浙江	江蘇	浙江、福建	卷五一，頁 1493～1498
50. 元良（？）	浙江	×	浙江	卷五一，頁 1498～1499
51. 力金（1327～1373）	江蘇	江蘇	浙江	卷五一，頁 1499～1502
52. 仲羲（？）	×	江蘇	浙江	卷五一，頁 1503～1504
53. 顯示（1303～1371）	浙江	×	浙江	卷五一，頁 1505～1508
54. 自緣（1310～1368）	浙江	×	浙江	卷五一，頁 1508～1511
55. 祖鐙（1292～1369）	浙江	×	浙江	卷五一，頁 1512～1514
56. 忻悟（1337～1391）	江蘇	浙江	浙江	卷五二，頁 1523～1524
57. 夷簡（？）	×	江蘇	浙江	卷五二，頁 1524～1525
58. 佛妙（1350～1429）	雲南	江蘇	×	卷五二，頁 1528～1529
59. 正映（？～1439）	江西	江蘇	江蘇	卷五二，頁 1529～1531
60. 師頤（1376～1432）	浙江	×	浙江、江蘇	卷五二，頁 1532～1534
61. 子敬（1365～1457）	浙江	×	×	卷五二，頁 1540
62. 廣鎮（1369～1481）	×	×	湖北	卷五三，頁 1549～1550
63. 碧潭（1350～1429）	×	×	湖北	卷五二，頁 1549
64. 梵琦（1296～1370）	浙江	江蘇	浙江	卷六二，頁 1775～1776
65. 至仁（1309～1382）	江西	江蘇	浙江	卷六二，頁 1777
66. 心覺（？）	×	×	×	卷六二，頁 1777
67. 宗繁（？～1402）	福建	×	浙江	卷六二，頁 1778
68. 善緣（？～1431）	福建	×	福建、江蘇	卷六二，頁 1778～1779

69. 宗靜（1373～1448）	浙江	×	浙江	卷六，頁281
70. 慧進（1355～1436）	山西	×	浙江	91 除外，70～100 依據《補續高僧傳》。卷四，頁93。
71. 一如（1352～1425）	浙江	×	浙江	卷四，頁94～95
72. 洪蓮（1366～1456）	山西	山西	不明	卷五，頁102
73. 福報（？）	浙江	江蘇	浙江	卷十四，頁246
74. 慧明（？）	浙江	江蘇	浙江	卷十四，頁248
75. 道永（？～1420）	信安	×	浙江	卷十五，頁263；信安今地不確。
76. 時蔚（1303～1381）	浙江	×	浙江	卷十五，頁267
77. 德馨（1303～1372）	浙江	×	浙江	卷十五，頁268
78. 本來（1355～1422）	江西	×	江蘇	卷十五，頁269
79. 如皎（1374～1443）	浙江	×	江蘇	卷十五，頁270
80. 無念（1326～1406）	湖北	湖北	江蘇	卷十五，頁271
81. 一覺（？）	×	不明	不明	卷十五，頁271
82. 道成（1352～1432）	河北	江蘇、山東	山東	卷十六，頁282～283
83. 普莊（1347～1403）	浙江	×	浙江	卷十八，頁299～300
84. 馬跡（？）	福建	×	福建、浙江	卷十九，頁317
85. 裘和尚（？）	浙江	×	浙江	卷十九，頁317
86. 永隆（1360～1498）	江蘇	江蘇	江蘇	卷二十，頁322～323
87. 玄中猷（？）	浙江	×	×	卷二五，頁362～363
88. 溥洽（1346～1426）	浙江	×	浙江	卷二五，頁363～364
89. 元亮（？～1380）	河南	浙江、四川	不明	卷二五，頁365
90. 德昂（？）	浙江	×	？	卷二五，頁366
91. 清濬（1328～1392）	浙江	×	浙江	《增集續傳燈》卷五，頁366
92. 示應（1335～1393）	浙江	江蘇	×	卷二五，頁367
93. 守仁（？～1426）	×	浙江	×	卷二五，頁368
94. 德然（？～1388）	江蘇	江蘇	浙江	卷二五，頁371
95. 道安（1340～1416）	江蘇	×	不明	卷二五，頁371

96. 妙智（1337～1408）	浙江	×	浙江、四川、福建、江西	卷二五，頁 371
97. 來復（1319～1391）	江西	江蘇	浙江、江蘇	卷二五，頁 373～374
98. 如筏（？）	×	×	不明	卷二五，頁 374
99. 慧心（？）	浙江	×	×	卷二五，頁 380
100. 桑渴八辣（1377～1446）	印度	×	×	卷一，頁 54
101. 子實（1314～1391）	浙江	江蘇、浙江	浙江	101～107 依據《續佛祖統紀》。卷下，頁 728。
102. 大佑（1334～1407）	江蘇	江蘇	不明	卷下，頁 729
103. 友奎（1309～1379）	浙江	江蘇	浙江	卷下，頁 733～734
104. 自朋（1316～1370）	浙江	×	浙江	卷下，頁 736
105. 大山（1331～1402）	浙江	浙江	浙江	卷下，頁 736～737
106. 良玉（1326～1394）	浙江	×	浙江	卷下，頁 737～738
107. 元鎮（1306～1368）	江蘇	×	浙江、江蘇	卷下，頁 738
108. 廷俊（1299～1368）	江西	江蘇	浙江	108～126 依據《增集續傳燈錄》。卷五，頁 858～859。
109. 海勇（？～1368）	廣東	×	浙江、江西	卷五，頁 878～879
110 克岐（1309～1391）	浙江	×	浙江、江蘇	卷五，頁 860
111. 司聰（1312～1381）	浙江	江蘇	浙江	卷六，頁 881～882
112. 文謙（1316～1372）	福建	江蘇	浙江、江蘇	卷五，頁 862
113. 仁淑（？～1380）	浙江	江蘇	浙江	卷五，頁 863
114. 景瓛（？～1382）	浙江	山東	浙江	卷五，頁 868～869
115. 慕聯（？～1384）	浙江	浙江	浙江、江蘇	卷六，頁 905～906
116. 慧明（1318～1386）	浙江	江蘇	浙江	卷四，頁 826
117. 法興（？～1388）	浙江	浙江	浙江	卷六，頁 882

118. 弘智（？～1391）	江蘇	×	浙江	卷五，頁 876
119. 心泰（1327～1415）	浙江	×	浙江	卷五，頁 860
120. 善法（？～1409）	江蘇	×	浙江、江蘇	卷五，頁 872
121. 道衍（1335～1418）	江蘇	×	浙江	卷五，頁 870
122. 愼行（？～1414）	浙江	山東、浙江	浙江	卷五，頁 874
123. 明顯（？～1415）	浙江	×	浙江、江蘇	卷五，頁 874
124. 普震（？）	江蘇	×	江蘇	卷五，頁 873
125. 宗起（？～1390）	浙江	×	不明	卷五，頁 862
126. 無慍（1309～1386）	浙江	江蘇	浙江	卷五，頁 880
127. 了改（1335～1421）	河南	×	不明	《五燈會元續略》卷一，頁 866。
128. 子嚴（？）	河南	河南	不明	《五燈會元續略》卷一，頁 865～866。
129. 明叟昌（？～1376）	浙江	×	浙江	《續燈存稿》卷九，頁 206。
130. 本槩（1325～1399）	浙江	×	江蘇	《續燈存稿》卷七，頁 182。
131. 慧曇（1372～1441）	×	×	浙江、江蘇	《續燈存稿》卷九，頁 210～211
132. 古拙俊（？）	江蘇	不明	浙江、江蘇	《續燈存稿》卷九，頁 207。
133. 惟則（1303～1373）	浙江	江蘇	浙江	《續燈正統》卷二五，頁 784～785。
134. 道顯（1329～1413）	山西	×	山西	《續燈正統》卷十五，頁 666～667
135. 本深（？～）	山西	×	河南	《續燈正統》卷三七，頁 922。
136. 普慈（1355～1450）	江蘇	×	江蘇、浙江、湖北	《續燈正統》卷二七，頁 807～808
137. 立中成（1361～1443）	浙江	×	浙江	《續燈正統》卷十六，頁 681。

138. 宗淨（1376～1442）	浙江	×	浙江	《續燈正統》卷十五，頁676。
139. 舜都宗（？～1426）	×	×	不明	《五燈全書》卷六一，頁317。
140. 道瀾（1368～1436）	江蘇	×	江蘇	《續金山志》卷下，頁220。
141. 可純（？～1406）	浙江	×	浙江	《靈隱寺志》卷三，頁200。
142. 長在（？～1404）	×	江蘇	不明	《金山志》卷三，頁174。
143. 宗妙（1369～1443）	山西	×	河南	《續燈正統》卷三七，頁922。
144. 清溰（？）	浙江	江蘇	×	《列朝詩集小傳》頁672
145. 克斯（？）	江西	江蘇、西域	江蘇	《列朝詩集小傳》頁673
146. 子梗（？）	浙江	×	浙江	《列朝詩集小傳》頁680
147. 妙聲（？）	江蘇	江蘇	×	《列朝詩集小傳》頁682
148. 海舟（？）	江蘇	×	江蘇、湖南、福建	《列朝詩集小傳》頁686
149. 克勤（？）〔註1〕	浙江	江蘇、日本	浙江	《續燈存稿》卷五，頁112
150. 如蘭（？）	浙江	×	×	《列朝詩集小傳》頁678

〔註 1〕依《明太祖實錄》，卷六八，頁 1280。洪武四年十月癸巳，克勤出使日本。

附表二：僧侶與太祖往來表※

人名	賜與〔註1〕	授官	文字往來	召見 或 參與法事	奉法〔註2〕	其他
1. 宗泐	時見臨幸，日有賜膳。	善世〔註3〕	上和其詩		命譯文殊等經、製讚頌樂章、命註三經	奉命到天竺求經、命罷道輔政泐辭之〔註4〕、稱其爲泐上翁。
2. 智光	築庵鐘山給具				譯菩薩戒	使西域宣傳聖化
3. 無極	敕建大雲殿以處其徒；館之上刹、法衣、典饌疊邀賜賞；敕禮部宜以僧禮送歸。	都綱	進觀詩；上贈詩。			
4. 祖儞	賜「慈忍法師」；賜歸故里終焉。				有旨就天界寺說法	
5. 弘道		都綱、左善世	御製竺隱說賜之	召見問鬼神事	命註楞伽等三經	
9. 慧日	給饌			上問昇濟沉冥之道。	命說毘尼戒，太祖親率百官臨。	上以「白眉」稱之。
10. 如玘	命住天界以備召問				命訂釋三經	
11. 大同	賜白金			設無遮大會於鍾山，召見之。		
13. 士璋				命浙東西五府名刹住持，咸集京師，共擘天界立善世院，璋獨出方具。		

　　※　本表出處同附表一
〔註1〕賜與包括賜食、衣、住、號及命主寺院。
〔註2〕奉法包括譯經、註經、講經、校藏經。
〔註3〕宗泐賜官爲善世，見《釋氏稽古略續集》，卷二，頁257。
〔註4〕《明太祖集・賜宗泐免官說》卷15，頁329。

14. 善仁	太祖臨幸智者寺，見其虛席，詔仁主之。	右善世			
16. 紹宗	賜金縷僧伽衣；上遣中使致祭。			應召有事，廬山奏對稱旨。	
19. 道聯		舉任僧錄以疾固辭			
23. 班的答	賜「善世禪師」		賜詩		
24. 智度				詔建法會，初猶力辭，戍強起之，度曰：心境雙忘隨緣去住，復何拘礙，遂行。	
25. 智及				詔有道碩僧十餘人集天界寺，居其首，以病不能一對，賜還穹窿山。	
28. 寶金	賜紫衣、金鉢、命居天界寺。		賜詩	應召入都，奏對；與鍾山法會。	
29. 具生	詔住蔣山、有疾敕御醫療之。		賜詩		
33. 道謙		左闡教		詔至京師	
34. 居頂		左講經左闡教		選赴京師，召對稱旨。	
35. 淨戒		左覺義			
38. 慧曇	命住蔣山太平興國寺、天界寺；賜「演梵善世利國崇教大禪師」；賜紫方袍。				使西域

39. 崇裕			裕獻偈，命書「天界寺」	鍾山法會，遣使者徵裕。	
40. 曇噩				詔徵有道，師與焉，上憫其年耄，放令還山。	
41 榮枯木				預鍾山法會	
44. 董伽	上召對，賜藏並敕建法藏寺。				
49. 智順				應召與鍾山法會	
51. 力金	命主天界寺，賜膳。			鍾山法會詔師講第一諦法	以師才智卓絕，論令罷道輔政，師辭之。
52. 仲羲	詔住蔣山	右闡教			
57. 夷簡	命主天界寺	左善世			
58. 佛妙	賜缽、杖、僧衣並敕遊兩浙名山；詔居天界寺				洪武十六年赴京朝請。
59. 正映	敕住泉州開元寺				
64. 梵琦	賜努金、賜宴			應召參與法會	
65. 至仁				召至京，以佛旨為書而對。	
73. 福報				徵召入京，屢入內庭。	
74. 慧明				奉召入京	
80. 無念			御製懷僧詩文，師和之。	召見，欲留主京剎，固辭之。	
81. 一覽	賜信				
82. 道成	賜金襴衣；命住天界寺，懇辭，不准，賜詩留之。	青州都鋼、右講經			命考試僧人。

86. 永隆			製落魄僧以彰之。		二五年，朝廷度僧，其中多有不能記經，欲冒請度牒者，上怒皆籍爲軍，師憫欲焚身以求免，上允之。又取香一瓣云遇旱以此香祈雨必驗，果眞如此
89. 元亮	詔住報恩寺				
92. 示應	賜膳、令居天界寺、命主峨眉;逝時遺官諭祭,乞吳之集雲,妙隱、大雲合而爲一,上賜南禪集雲之額				
93. 守仁		右善世			
94. 德然				召入京	
97. 來復	賜食			召入京	普薦會奉敕說法	二十四年,因故惟庸案罹難。
101. 子實				召入京	詔令天下僧講楞伽、金剛、心經,師於海鹽天寧敷倡厥旨。	僧錄司選師住下天竺
102. 大佑	賜迦裟、衣裘、鞋履、鈔貫。	右善世、左善世		召入京、與蔣山法會		
103. 友奎				與蔣山法會		
105. 大山		都綱			詔天下設講經所,命通曉佛法者爲眾演說,師於城中講經有靈異出現。	僧錄司選師住上天竺
111. 司聰	賜座			與法會	校藏經；詔師說法
112. 文謙	上手書其遺		與法會偈		
113. 仁淑	賜座與膳				

114. 景瓛				詔天下僧徒習心經、金剛、楞伽三經，師晝則演講。	僧錄司選住青州華嚴寺
115. 慕聯	朝命陞道場	都綱			奉旨校讎新住三經
116. 慧明			與法會		
117. 法興					僧錄司選師補處徑山
123. 愼行		青州都綱			杭之僧綱司命住報國寺；僧錄司任爲青州都綱
126. 無愠				日本國王奉請師化其國，上召師至闕，師以老病辭，上憫而不遺	
132. 古拙					奉旨剃度千僧
133. 惟則			召入京		
142. 長在	敕住金山		賜詩		
144. 清濬	御製「清濬說」賜之		召入京		
145. 克新					出使西域
147. 妙聲			召入京		
149. 克勤				出使日本	罷道輔政〔註5〕

〔註 5〕《明太祖實錄》卷106，頁1777，洪武九年五月壬子。

附表三：洪武時僧人所專佛學思想表※

人　　名	內　　容
1. 宗泐	譯文殊等經
3. 無極	常講華嚴、法華
5. 弘道	註楞伽、金剛、心經、誦法華、通台宗疏鈔
7. 原眞	傳天台教觀
8. 善學	弘賢首教；融會清涼疏鈔、圓覺、楞嚴、起信；通法華
9. 慧日	精天台教義
10. 如玘	註心經、金剛、楞伽
11. 大同	精賢首義
12. 原瀞	精天台義
13. 士璋	通天台義
17. 明德	檢閱華嚴五載
18. 懷渭	終身持誦金剛經
21. 普智	註阿彌陀經；學天台性具之學
22. 善啓	倡三教同源
24. 智度	熟讀楞嚴、圓覺
32. 無盡慧	學教觀、聽楞嚴
36. 能義	講說楞嚴大義
38. 慧曇	答儒釋之辨
40. 曇噩	重修歷代高僧傳
48. 輔良	習天台教觀
49. 智順	習法華經
59. 正映	閱法華
64. 梵琦	閱楞嚴恍然有悟
70. 慧進	通華嚴；達唯識百法、通楞嚴

※　本表出處同附表一。

71. 一如	註法華
72. 洪蓮	通楞嚴
76. 時蔚	讀法華有省
79. 如皎	究楞嚴
83. 呆庵莊	辨儒釋之異
88. 溥洽	註金剛經
91. 清濬	究楞嚴、圓覺、楞伽、維摩
94. 德然	誦法華經
96. 妙智	誦法華
101. 子實	熟誦天台諸書；著楞嚴略疏、圓覺文句、楞伽指南、金剛般若燈論、心經遺經疏。
102. 大佑	習賢首教；究天台止觀；註彌陀、金剛
105. 大山	習天台教觀、背誦法華、金光明、金剛
106. 良玉	背誦法華；究天台教觀
107. 元鎮	習天台
121. 道衍	習天台教
134. 道顯	聽圓覺頓然默契
136. 普慈	聽楞嚴
138. 宗淨	誦楞嚴

附表四：洪武時習禪僧人表※

人　　名	內　　　　　容
1. 宗泐	參淨慈笑隱大訢
3. 無極	參扣明眼，大澈宗旨
4. 祖儞	參我庵等禪師
5. 弘道	頓覺平日所聞所行，一切疑礙冰消。
7. 原眞	禪坐達旦
8. 善學	累入法華三昧
9. 慧日	參竹屋淨等禪師
10. 如玘	得法於文明海慧
11. 大同	夙習見聞一時蕩絕，惟存孤明，耿耿自照。
12. 原瀞	黏縛盡脫
13. 士璋	參我庵無等禪師
14. 普仁	危坐達旦，期息萬緣
16. 紹宗	得法於靜庵鎭
17. 明德	羣疑頓釋
18. 懷謂	參全悟禪師
19. 道聯	篤意禪學，兼窮止觀，惟務明心見性。
20. 居敬	參東源禪師
23. 班的答	篤修禪定
24. 智度	儼然如白雲在天，舒卷無礙。
25. 智及	忽見秋葉吹墜於庭，豁然有省。
26. 慧照	閱眞淨語，汗流浹背。
27. 永寧	一念不起
28. 寶金	聞筏木聲忽悟，汗下如雨。
29. 具生	得奢摩他
30. 印原	忽有所省，見前境界，一白無際。
31. 文琇	得言外旨
32. 無盡慧	禪誦勤勇

※　本表出處同附表一

人　　名	內　　　容
34. 居頂	得西邱證傳
35. 淨戒	言下大悟
36. 能義	日惟禪定爲事
37. 德始	深悟單傳之旨
38. 慧曇	聞百丈野狐之語，乃大悟曰：「佛法入我手。」
39. 崇裕	惟以觀心爲務
40. 曇噩	篤意禪觀
41. 榮枯木	澄神禪觀
45. 可授	參普覺明有省
47. 世愚	豁然如釋重負，舉目洞照不見一物留礙。
48. 輔良	雲空川流，了無留礙。
49. 智順	如虛空玲瓏，不可湊泊。
51. 力金	示以「德山見龍潭語」（金）奮然踴躍，直觸其機，從而有契。
52. 仲羲	參仲芳倫禪師
53. 顯示	參佛海禪師
54. 自緣	慚息羣念，期至無念。
55. 祖鐙	出參名德，以驗所證。
56. 忻悟	徑山愚庵及問：「如何是永明旨？」悟曰：「但見一湖水。」
59. 正映	探懷取香，忽爾墮地，因之有省。
60. 師頤	睹奔流翻滾，豁然自得。
64. 梵琦	聞樓鼓動，汗如雨下。
65. 至仁	參厚叟
67. 宗繁	參天界寺芳林
68. 善緣	參鼓山藍田，禮幻居大師。
69. 宗靜	參究有契
71. 一如	參具庵杞
73. 福報	參元叟端
74. 慧明	悟其旨，遂罄底蘊。
75. 道永	疑滯斯盡
76. 時蔚	聞溈山踢倒淨瓶，忽大悟。
77. 德馨	參千嚴長

人　　名	內　　容
78. 本來	嘗一定七日
79. 如皎	推簾見月，驀然有省。
80. 無念	參萬峰蔚
82. 道成	刻苦究修
83. 呆庵莊	有呆庵錄語錄行世
88. 溥洽	行三昧法，自是進於止觀，明靜之道。
89. 元亮	示以禪要，有省，凝滯銷於片言。
91. 清濬	閱大慧語錄有悟
94. 德然	參千巖長禪師，大有契證。
95. 道安	常行般舟三昧
96. 妙智	深得言外之旨
97. 來復	窺見全體無礙
101. 子實	常坐三昧
103. 友奎	參斷江恩禪師
104. 自朋	參我庵無
105. 大山	參佛鑑圓照
106. 良玉	修法華三昧
108. 廷俊	參月江印等
109. 海勇	向之所未明者，一旦而廓然矣。
110. 克岐	參無際等禪師
111. 司聰	豁然開悟，徹見。
112. 文謙	參「狗子無佛性」久之有省。
113. 仁淑	師汗下如雨，乃云：「這回識破這老子。」
114. 景瓛	問：「那個是你本來面目」遂有省。
115. 慕聯	參正宗等禪師
116. 慧明	參原叟端等禪師
117. 法興	參古鼎銘等禪師
118. 弘智	有上堂語錄
119. 心泰	參古鼎銘等禪師
120. 善法	聞田家小兒喚耕夫吃飯，不覺手舞足蹈。
121. 道衍	參愚庵無等禪師

人　　名	內　　　　容
122. 慎行	參幻隱，師當下豁然。
123. 明顯	參熙怡等禪師
124. 普震	參熙怡禪師
125. 宗起	長年禪坐，不知有人事。
126. 無慍	參竺原、被喝即大悟。
127. 了改	參松庭禪師，有省。
128. 子嚴	大豁疑礙
129. 明叟昌	參千巖禪師
130. 本裝	參孤峰旺禪師
131. 慧昷	一定六日忽舉首，睹松豁然有省。
132. 古拙俊	得禪定蚣功夫
133. 惟則	豁然頓悟
134. 道顯	忽然大悟
135. 本深	參凝然禪師
136. 普慈	參萬峰禪師
137. 立中成	參祖芳禪師
138. 宗淨	參正庵禪師
139. 舜都宗	有語錄行事
140. 道瀾	嗣法於別峰在
141. 可純	參古鼎銘
142. 長在	幼年參學心切
143. 宗妙	參空叟禪師
145. 克新	參笑隱訢
146. 子梗	參古鼎銘、笑隱訢、斷江恩等禪師
148. 海舟	聞虛白說法，旬日大悟。
149. 克勤	參寂照於徑山，得旨

附表五：南直隸寺院修建表──淮安府

說明：1. 重建欄數字：表洪武某年，以下皆同。

2. 新建欄數字：表洪武某年，下同。

3. 「ˇ」表有修建，但年代不詳，下同。

4. 本表依天一閣本《萬曆淮安府志》，卷六，〈學校志‧寺觀〉。

管縣	寺　名	重修	新建	敕建	出　處
山縣	報恩光孝禪寺開元教寺	2			頁 512〜515
	龍興禪寺				頁 512〜515
	觀音教寺	7			頁 512〜515
	台山寺	初			頁 512〜515
	丹照寺		ˇ		頁 512〜515
	華嚴寺				頁 512〜515
	景慧禪寺				頁 512〜515
	永福禪寺		ˇ		頁 512〜515
	壽安教寺	7			頁 512〜515
	上生寺				頁 512〜515
鹽城	永寧教寺	17			頁 516
清河	興國教寺	元			頁 516
桃源	興國寺	20			頁 517
安東	能仁教寺	初			頁 517
	童化寺		3		頁 517
	無礙院		23		頁 517
沐陽	招德寺	19			頁 517
	洪福寺	20			頁 517
	普濟院		23		頁 517
海州	大悲寺	5			頁 518
	興國寺				頁 518
	佛陀寺	3			頁 518
	古佛寺	2			頁 518
贛榆	重光寺	2			頁 518
邳州	龍興寺	17			頁 518
	白玉寺				頁 518
宿遷	壽聖寺	2			頁 519
睢寧	崇寧寺		5		頁 519

附表六：南直隸寺院修建表──鳳陽府

說明：本表依天一閣本《成化中都志》，卷四，〈寺觀〉。

管縣	寺　　　名	重修	新建	敕建	出　　　處
臨淮	大龍興寺		ｖ	ｖ	頁358
	開元寺	ｖ			頁358
	廣教寺	24			頁359
	竹林寺	初			頁359
	丹通寺		8		頁360
	大聖寺	10			頁360
	淨眾院	10			頁360
	貞如寺	15			頁360
定遠	棲嚴寺				頁361
	槎枒寺		16	ｖ	頁361
	（丹通禪寺）				頁361
	西禪寺	10			頁362
	慈氏寺	9			頁362
	能仁寺	8			頁362
	禪窟寺	8			頁362
淮遠	大聖寺	5			頁363
	華嚴寺				頁363
五河	壽聖寺	19			頁364
虹	釋伽寺	初			頁364
泗州	大聖禪寺				頁364～365
	福慶寺	20			頁364～365
	觀音院	22			頁364～365
	報恩塔院	30			頁364～365
盱眙	上龜山寺	初			頁364～365
	下龜山寺	8			頁364～365
	靈山嚴寺				頁365～367
	大塔寶雲寺	5			頁365～367
	開化院	13			頁365～367

管縣	寺　　名	重修	新建	敕建	出　　處
天長	羅漢寺	15			頁 367～368
	眞勝院	2			頁 367～368
	勝因禪寺	8			頁 367～368
	地藏禪寺	7			頁 367～368
	天宮寺				頁 367～368
	興教塔院	2			頁 367～368
宿州	聖果教寺	2			頁 369
靈璧	聖壽寺	20			頁 369
壽州	棲賢寺				頁 369
	東禪寺	˅			頁 370
蒙城	興化寺				頁 370
	石佛寺				頁 370
	慈氏寺	15			頁 370
霍丘	福昌寺	15			頁 370
	圓覺寺		25	25	頁 371
潁州	新渡寺				頁 371
	善現寺		初	初	頁 371
	資福寺	16			頁 372
潁上	宿緣寺	25		˅	頁 372
	龍興寺	6			頁 372
亳陽	法相禪院				頁 373
	咸平寺	28			頁 373

附表七：南直隸寺院修建表——應天府

管縣	寺　　　名	重修	新建	敕建	出　　處
	鍾山靈谷禪寺	14		∨	頁 227～228
	掇山棲霞寺				頁 409
	衡陽寺				頁 549
	銅井院				頁 551
	興善寺		初		頁 555
	首蓿庵		∨		頁 559
	佛國寺				頁 561
	東山翼善寺				頁 567
	祈澤寺				頁 572
	天宁寺				頁 575
	雲居寺				頁 578
	方山定林寺				頁 593
	光相寺				頁 623
	三禪寺				頁 625
	慈光寺				頁 627
	無垢寺				頁 627
	紫草寺				頁 628
	廣惠院				頁 631
	崇善寺				頁 632
	寶善寺				頁 633
	龍泉庵				頁 634
	隱靜寺				頁 635
	本業寺				頁 635
	普濟庵	∨			頁 642
	普濟寺				頁 642
	山海院	∨			頁 643
	香林寺				頁 646

管縣	寺　　名	重修	新建	敕建	出　　處
	多福寺	初			頁 648
	桂陽寺				頁 650
	草堂寺	∨		∨	頁 651
	慈仁寺				頁 658
	鳳山天界寺	21		∨	頁 665
	雞籠山雞鳴寺	20		∨	頁 735
	石頭山清涼寺	∨			頁 773～776
	永慶寺	∨			頁 807
	五雲庵		∨		頁 890
	封崇寺				頁 892
	迴光寺				頁 910
	千佛寺		初		頁 916
	普緣寺				頁 927
	崇化寺				頁 947
	幕府寺				頁 949
	觀音閣		初		頁 973
	清眞寺				頁 985
	梵惠寺	初			頁 986
	接待寺		31	∨	頁 987
	江東門積善庵		初		頁 987
	聚寶山報恩寺	∨			頁 995
	天竺山能仁寺	∨			頁 1073
	牛首山佛窟寺				頁 1089
	通善寺	初			頁 1163
	三山（講）寺〔註1〕	13			頁 1165
	佑聖庵				頁 1170
	雨花台高座寺	∨			頁 1175
	安隱寺				頁 1194

〔註 1〕三山寺：洪武時賜額爲三山講寺

管縣	寺　　名	重修	新建	敕建	出　　處
	寶光寺				頁 1196
	均慶寺				頁 1200
	梅岡永寧寺				頁 1203
	瑞相院				頁 1208
	普照寺				頁 1211
	西天寺		∨	∨	頁 1215
	德恩寺				頁 1220
	碧峰寺	∨		∨	頁 1225
	永福寺				頁 1240
	新亭崇因寺				頁 1241
	英台寺				頁 1250
	智安寺				頁 1257
	永泰寺				頁 1258
	獻花巖花巖寺				頁 1261
	慧光寺	中			頁 1270
	幽棲山祖堂寺				頁 1285
	吉山寺				頁 1291
	永泰講寺				頁 1292
	靜居寺				頁 1293
	棲隱寺		∨		頁 1295
	眞如寺		∨		頁 1297
	天竺山福興寺				頁 1299
	後陽寺				頁 1308
	清修院				
	後黎寺				頁 1309
	建昌寺				頁 1311
	西林寺				
	般若寺	∨		∨	頁 1312
	高台寺				頁 1315

附表八：南直隸寺院修建表──寧國府

說明：本表依成文版《萬曆寧國府志》，卷十，〈明煙志附寺觀〉。

管縣	寺　　名	重修	新建	敕建	出　　處
宣城	景德寺				頁 912～917
	永慶禪寺				頁 912～917
	朝明教寺	17			頁 912～917
	興國教寺	14			頁 912～917
	廣教講寺	初			頁 912～917
	柏山教寺	11			頁 912～917
	惠照教寺	∨			頁 912～917
	安國禪寺	∨			頁 912～917
	白雲禪寺	∨			頁 912～917
	治平教寺				頁 912～917
	上羅漢教寺	15			頁 912～917
	下羅漢教寺	18			頁 912～917
	七里教寺				頁 912～917
	淨相教寺	∨			頁 912～917
	善果教寺				頁 912～917
	永壽教寺				頁 912～917
	西禪教寺	27			頁 912～917
	大梵教寺		初		頁 912～917
	寧信教寺	∨			頁 912～917
	高山教寺				頁 912～917
	淨居教寺				頁 912～917
	嚴台教寺				頁 912～917
	城山教寺				頁 912～917
	柏○教寺				頁 912～917
	甘露教寺	∨			頁 917～923
	三天教寺	∨			頁 917～923
	廣法教寺	∨			頁 917～923
	南大雲教寺				頁 917～923

管縣	寺　　名	重修	新建	敕建	出　　處
宣城	能仁教寺				頁 917～923
	法雲禪寺				頁 917～923
	資福教寺	ˇ			頁 917～923
	眞如教寺				頁 917～923
	慈濟教寺				頁 917～923
	寶積教寺				頁 917～923
	東寶覺教寺				頁 917～923
	西寶覺教寺	ˇ			頁 917～923
	空相寺				頁 917～923
	東大覺教寺	ˇ			頁 917～923
	西大覺寺	ˇ			頁 917～923
	淨國教寺	ˇ			頁 917～923
	大雲教寺				頁 917～923
	勝果教寺	ˇ			頁 917～923
	妙因教寺	ˇ			頁 917～923
	延壽教寺	ˇ			頁 917～923
	法華教寺				頁 917～923
	壽昌教寺	8			頁 917～923
	雲山教寺				頁 917～923
	松隱庵	ˇ			頁 917～923
	萬松庵	ˇ			頁 917～923
	清隱庵				頁 917～923
	覺照庵	ˇ			頁 917～923
	海雲庵				頁 917～923
	傘古庵	ˇ			頁 917～923
	崇福庵	ˇ			頁 917～923
	茅亭庵		ˇ		頁 917～923
	石佛庵	ˇ			頁 917～923
	高嶺庵				頁 923～936
	西峰大聖庵		8		頁 923～936
	干寧寺				頁 923～936
	感化寺	ˇ			頁 923～936
	壽寧庵	ˇ			頁 923～936

管縣	寺　　名	重修	新建	敕建	出　　處
南陵	崇教禪寺	∨			頁 923～936
	開化禪寺				頁 923～936
	香油教寺	∨			頁 923～936
	資福教寺		4		頁 923～936
	靈山寺	∨			頁 923～936
	隱靜寺				頁 923～936
	靈嚴寺	∨			頁 923～936
	郭城寺	∨			頁 923～936
	柏林寺				頁 923～936
涇	萬壽禪寺	∨			頁 923～936
	太安寺	∨			頁 923～936
	寶勝禪寺	∨			頁 923～936
	崇慶教寺				頁 923～936
	西方院				頁 923～936
	大寧禪寺				頁 923～936
	定業禪寺				頁 923～936
	乾明禪寺				頁 923～936
	安國教寺				頁 923～936
	白雲教寺				頁 923～936
	顯明教寺	∨			頁 923～936
	勝果教寺				頁 923～936
	法相教寺				
	巖○教寺				
	報恩教寺				頁 932～936
	妙明教寺				頁 932～936
	龍雲教寺				頁 932～936
	隆興教寺		∨		頁 932～936
	殿龍寺				頁 932～936
	藍山庵				頁 932～936
	海雲庵				頁 932～936
	銅峰庵				頁 932～936
	妙相禪院				頁 932～936
	覺慈禪院				頁 932～936

管縣	寺　　　名	重修	新建	敕建	出　　處
寧國	教中教寺				頁 932～936
	崇因教寺				頁 932～936
	延慶教寺	∨			頁 932～936
	興教教寺				頁 932～936
	惠雲教寺				頁 932～936
	信相教寺				頁 932～936
	廣濟教寺				頁 932～936
	宣梵教寺				頁 932～936
	建興教寺				頁 932～936
	寶雲教寺				頁 932～936
	靜居教寺				頁 932～936
	眞覺教寺				頁 932～936
	龍福教寺				頁 932～936
	崇果教寺				頁 932～936
	吉祥教寺				頁 932～936
	香蓋教寺				頁 932～936
	彌勒教寺				頁 932～936
	崇福教寺				頁 932～936
	靈嚴教寺				頁 936
	行香教寺				頁 936
	南禪教寺				頁 936
	龍安教寺				頁 936
	永宁教寺				頁 936
	雙峰庵				頁 936
	獅子庵				頁 936
	王觀音殿				頁 936
	觀音堂				頁 936
	沈禪師庵				頁 936
	金偃庵	∨			頁 936

管縣	寺　　名	重修	新建	敕建	出　　處
旌德	護國禪寺				頁 937～939
	華陽禪寺				頁 937～939
	資福教寺				頁 937～939
	靈台教寺				頁 937～939
	多寶教寺				頁 937～939
	茆殿教寺				頁 937～939
	會勝教寺				頁 937～939
	瑞蓮教寺				頁 937～939
	孔子教寺				頁 937～939
	後林教寺				頁 937～939
	蘭野教寺				頁 937～939
	勝田教寺				頁 937～939
	玉山教寺				頁 937～939
	上陽庵				頁 937～939
	古嚴庵				頁 937～939
	丹通庵				頁 937～939
	丹覺庵				頁 937～939
	天井庵				頁 937～939
	祥雲				頁 937～940
	石壁庵				頁 937～940
	蓮塘庵				頁 937～940
	雲峰庵				頁 937～940
	鐵山庵				頁 937～940
	南山庵				頁 937～940
	興教庵				頁 937～940
	大嶺庵				頁 937～940
	澤溪庵				頁 937～940
	曹溪庵				頁 937～940

管縣	寺　　名	重修	新建	敕建	出　　處
太平	重興教寺				頁 937～940
	翠微禪寺				頁 937～940
	勝果講寺				頁 937～940
	廣仁講寺				頁 937～940
	松山教寺				頁 937～940
	龍吟寺				頁 937～940
	西峰庵				頁 937～940
	海會庵		ˇ		頁 937～940
	南山庵		ˇ		頁 937～940
	城山庵				頁 937～940
	慶源庵				頁 937～940
	松古庵				頁 937～940
	大慈庵		ˇ		頁 937～940
	李公庵				頁 937～940
	巢翠庵				頁 937～940
	如意庵				頁 937～940
	觀音庵				頁 937～940
	眞常庵				頁 937～940
	無爲庵				頁 940～941
	明善庵				頁 940～941

附表九：南直隸寺院修建表──太平府

說明：本表依內閣文庫藏《嘉靖太平府志》，卷十一，〈兩教志〉。

管縣	寺　　名	重修	新建	敕建	出　　處
當塗	萬壽寺				頁 2a
	報恩光孝禪寺				頁 2a
	化城寺				頁 2b
	羅漢院	16			頁 2b
	廣濟教寺				頁 3a
	廣福禪寺	13			頁 3a
	麓心院	27			頁 3a
	古唐寺	20			頁 3a
	大仁寺	7			頁 3b
	眞如院	20			頁 3b
	普潤教寺				頁 3b
	鷲峰院				頁 3b
	太平興國院	8			頁 3b
	禪惠院				頁 3b
	多寶院	4			頁 3b
	雲際院	18			頁 4a
	福聖教寺				頁 4a
	福源教寺				頁 4a
	禪那院				頁 4b
	澄心教寺				頁 4b
	白雲寺				頁 5a
	東澄天寺				頁 5a
	西澄天寺				頁 5a
	彌勒教寺				頁 5a
	龍華教寺				頁 5a
	瑞相院	2			頁 5a
	廣教禪寺	18			頁 5a
	無相禪庵				頁 5a

管縣	寺　　名	重修	新建	敕建	出　處
蕪湖	東能仁寺				頁 7a
	西能仁寺				頁 7a
	吉祥寺				頁 7b
繁昌	崇法院				頁 7b
	善利寺				頁 7b

附表十：南直隸寺院修建表——池州府

說明：本表依天一閣本《嘉靖池州府志》，卷三，〈建置篇〉。

管縣	寺　　名	重修	新建	敕建	出　　處
貴池	景德寺				頁 12a
	羅漢寺				頁 12a
	鐵佛寺				頁 12a
	齊山寺				頁 12a
	永明寺				頁 12a
	雲光寺				頁 12a
	湧泉寺				頁 12a
	悟眞寺				頁 12a
	白雲寺				頁 12a
	植福寺				頁 12b
	嘉佑寺				頁 12b
	萬壽寺				頁 12b
	多福寺				頁 12b
	寶安寺				頁 12b
	淨居寺				頁 12b
	寶勝寺				頁 12b
	南泉寺				頁 12b
	佈金寺				頁 12b
	崇教寺				頁 12b
	常安寺				頁 13a
	興福寺				頁 13a
	寧福寺				頁 13a
	清泉寺				頁 13a
青陽	化城寺				頁 13b
	無相寺				頁 13b
	妙峰寺				頁 13b
	淨信寺				頁 13b
	丹寂寺				頁 13b
	九事寺				頁 13b
	海會寺				頁 13b
	妙音寺				頁 13b

管縣	寺　　名	重修	新建	敕建	出　　處
銅陵	崇福寺				頁 14a
	護國寺				頁 14a
	廣教寺				頁 14a
	寶雲寺				頁 14a
	福海寺				頁 14a
	桐山寺				頁 14a
	瑞相寺				頁 14a
	梵天寺				頁 14b
	興化寺				頁 14b
石埭	開福寺				頁 14b
	兜率寺				頁 14b
	鎮國寺				頁 14b
	饒益寺				頁 14b
	崇明寺				頁 14b
健德	鷲台寺	3			頁 15a
	永樂寺				頁 15a
	石佛寺				頁 15a
	雲峰寺				頁 15a
東流	寶林寺				頁 15b
	興安寺				頁 15b
	安仁寺				頁 15b
	東溪寺				頁 15b
	民化寺	3			頁 15b

附表十一：南直隸寺院修建表——松江府

說明：本表依天一閣本《續編正德松江府志》，卷十八～十九，〈寺觀〉。

管縣	寺　　名		重修	新建	敕建	出　　處
華亭（叢林）〔註2〕	南禪寺〔註1〕					頁 55
	併于南禪寺	積慶禪寺				頁 58
		四八願庵				頁 58
		仁壽庵				頁 58
	北禪寺					頁 59
	併于前寺	本一院				頁 59
		青㠔塔院				頁 61
		修學院				頁 61
	普照講寺					頁 61
	併于前寺	善住教院				頁 74
		大慈寺				頁 74
		永福庵				頁 74
	興聖教寺〔註3〕		初			頁 74
	併于前寺	梵化院				頁 80
		種福庵				頁 80
		通慶庵				頁 80
		眞聖堂				頁 80
	延慶講寺〔註4〕		16			頁 81
	併于前寺	梵修寺				頁 83
		崇福寺				頁 86
		慈濟庵				頁 88
		爲善庵				頁 88
		蓮花庵				頁 88
		西報德懺院				頁 87

〔註1〕南禪寺：國朝爲在城諸禪之冠。
〔註2〕華亭叢林：凡稱叢林者皆洪武二四年清理佛教，歸併諸小庵而成其歸併者，
　　　三十五年俱令復歸，有反盛叢林者，今仍附各下以存舊制。（頁55）
〔註3〕興聖教寺：洪武初以其地2/3作城隍廟，寺僧即廟南重建。
〔註4〕延慶講寺：宋時位居台宗十刹之一，與五山爭雄。洪武初，嘗籍於官。

管縣	寺　名		重修	新建	敕建	出　處
	超果講寺		中			頁 88
	併于前寺	福田寺				頁 95
		漏澤庵				頁 95
		定心庵				頁 95
	妙嚴教寺					頁 95
	併于前寺	慧日院				頁 98
		示應庵				頁 98
		蓮隱庵				頁 98
		安福庵				頁 98
		祠山庵				頁 98
		慈悲懺院				頁 98
		觀音堂				頁 98
	西禪寺					頁 99
	併于前寺	西梵明禪寺	20			頁 101
	法忍教寺		12			頁 103
	併于前寺	雲隱庵				頁 107
		普福庵				頁 107
		崇壽庵				頁 107
		今道成庵				頁 107
		董墳庵		6		頁 107
		東林禪寺	初			頁 107
	併于前寺	延壽院				頁 108
	寶藏禪寺					頁 108
	併于前寺	報恩寺				頁 109
		定光庵				頁 109
		三剩庵				頁 109
		丹覺期堂				頁 109
	太平禪寺					頁 109
	併于前寺	報恩寺				頁 109
		陸墳庵				頁 109
		龍門院				頁 109
	澄鑒禪寺					頁 110

管縣	寺　　名		重修	新建	敕建	出　　處
	興塔禪寺					頁 110
	併于前寺	萬竹林庵		3		頁 111
		觀音堂		27		頁 111
	海慧教寺					頁 112
	併于前寺	無盡庵				頁 114
		慈福庵				頁 114
		積慶庵				頁 114
		崇敬庵				頁 114
		北華嚴庵				頁 114
	丹智教寺					頁 115
	併于前寺	東嶽塔院				頁 116
		崑山塔院				頁 116
		清涼庵				頁 116
		輝和庵				頁 116
		覺海庵				頁 116
		化東庵				頁 116
		善會庵				頁 116
		語澤庵				頁 116
		法華庵				頁 116
	昭慶禪寺		27			頁 117
	併于前寺	大覺庵				頁 118
		祥澤庵				頁 118
		接待庵				頁 119
	宣妙講寺					頁 119
	併入前寺	普照寺				頁 119
	澱山禪寺					頁 120
	併于前寺	淨行庵				頁 127～128
		福慶庵				頁 127～128
		集賢庵				頁 127～128
		福泉庵				頁 127～128
		塘橋庵				頁 127～128
	頤浩禪寺					頁 127～128
	併入前寺	歸眞庵				頁 131

管縣	寺　　　名		重修	新建	敕建	出　　處
	東禪禪寺					頁 133
	併于前寺	永壽寺				頁 133
		普門院				頁 134
	寶雲寺		中			頁 135
	併于前寺	松隱庵				頁 139～140
		小松隱庵				頁 139～140
		大覺庵				頁 139～140
	方廣教寺					頁 139～140
	併于前寺	萬壽院				頁 142
		觀音庵				頁 142
		平等庵				頁 142
		撻堰庵				頁 142
		莫蘇庵				頁 142
		慈觀庵				頁 142
	明行教寺					頁 142
	併入前寺	報德懺院				頁 146
		崇福庵				頁 146
		志嚴庵				頁 146
		本際庵				頁 146
	七寶教寺					頁 146
	併入前寺	南七寶寺				頁 147～148
		報慈庵				頁 147～148
		施水庵				頁 147～148
		法華庵				頁 147～148
		聚沙庵				頁 147～148
		資慶庵				頁 147～148
		施水庵				頁 147～148
		施智庵				頁 147～148
	○慶寺					頁 148～149
	廣福寺					頁 148～149
	頤賦寺					頁 148～149

管縣	寺　　名	重修	新建	敕建	出　　處
	長壽寺				頁 148～149
	白蓮寺				頁 148～149
	海慧寺				頁 148～149
	大明寺				頁 148～149
	淨土寺				頁 148～149
	慧海院				頁 148～149
	慧燈塔院				頁 150～155
	華藏懺院				頁 150～155
	報恩院〔註5〕				頁 150～155
	丹通院				頁 150～155
	資壽院				頁 150～155
	壽慶院				頁 150～155
	福嚴懺院				頁 150～155
	昭福院				頁 150～155
	壽安教院				頁 150～155
	丹修懺院				頁 150～155
	保安院				頁 150～155
	慈濟院				頁 150～155
	保國水陸禪院				頁 150～155
	水月院				頁 150～155
	瑞應庵				頁 150～155
	順濟庵				頁 150～155
	慶福庵				頁 150～155
	土地庵				頁 150～155
	蓮社庵				頁 150～155
	永福尼寺				頁 150～155
	覺乘尼寺				頁 150～155
	法雲尼寺				頁 150～155
	普寧尼寺				頁 150～155

〔註 5〕報恩寺有兩間。

管縣	寺　　名		重修	新建	敕建	出　　處
上海（叢林）	**觀音禪寺**〔註6〕		16			頁177
	併入前寺	寧國寺				頁179
		積善院				頁179
		福基寺				頁179
		潮音庵				頁179
		常寂庵				頁179
	法華禪寺					頁179
	併入前寺	法華院				頁181～182
		東林庵				頁181～182
		東隱庵				頁181～182
	積善講寺					頁181～182
	併入前寺	寧國講寺				頁183
		珍敬庵				頁183
	南積善教寺					頁183
	併入前寺	西林懺院				頁185
		海會院				頁186
	龍華教寺					頁186
	併入前寺	延恩寺				頁186
	南淨土講寺					頁186
	併入前寺	資壽寺				頁186
		崇福庵				頁186
		南廣福寺				頁186
	明心教寺					頁189
	併入前寺	通濟庵				頁191
		覺城庵				頁191
	永寧教寺〔註7〕					頁191
	併入前寺	資福庵				頁194
		福泉庵				頁194
		東禪庵				頁194

〔註6〕觀音禪寺爲縣之首刹。

〔註7〕永寧教寺：原名報恩懺院，洪武中，改今額。

管縣	寺　名		重修	新建	敕建	出　處
	崇寧教寺					頁 194
	併入前寺	崇福庵				頁 195
		善慶庵				頁 195
	永定講寺					頁 195
	併入前寺	陳墳庵				頁 196～197
		崇福庵				頁 196～197
		法華經堂				頁 196～197
	慶寧教寺					頁 198～199
	併入前寺	竹隱庵				頁 198～199
		孝思庵				頁 198～199
		時思庵				頁 198～199
		蓮隱庵				頁 198～199
		西丹通庵				頁 198～199
		五福庵				頁 198～199
		法華庵				頁 198～199
		丹通庵				頁 198～199
	太平教寺					頁 198～199
	併入前寺	致思庵				頁 198～199
		華嚴庵				頁 200
		丹通庵				頁 200
		普明庵				頁 200
	靜安教寺					頁 200
	併入前寺	眾善庵				頁 202
	普門教寺					頁 202
	併入前寺	德濟庵				頁 203
		華潮丹通庵				頁 203
	崇壽講寺					頁 203
	併入前寺	普光寺				頁 205～208
		西隱庵				頁 205～208
		張墳庵				頁 205～208
		戴墳庵				頁 205～208

管縣	寺　　名		重修	新建	敕建	出　　處
	布金禪寺					頁 205～208
	併入前寺	眞淨院				頁 209～210
		接待庵				頁 209～210
		法會庵				頁 209～210
		管浦庵				頁 209～210
	隆福教寺					頁 209～210
	併入前寺	隆平寺				頁 212～217
		福善寺				頁 212～217
		寶村庵				頁 212～217
		東濟庵				頁 212～217
	慧日教寺					頁 212～217
	併入前寺	眾福院				頁 218
		利濟庵				頁 218
		明遠庵				頁 218
		崇福庵				頁 218
	勝果寺					頁 218
	聖福教寺					頁 218

附表十二：南直隸寺院修建表——安慶府

說明：本表依成文版《嘉靖安慶府志》，卷五，〈地理志‧寺觀〉。

管縣	寺　　名	重修	新建	敕建	出　　處
懷寧	雙蓮寺				頁 254
	天寧寺	初			頁 254
	太平寺				頁 254
	興化寺				頁 254
	昭明寺				頁 255
	三祖寺				頁 255
	萬壽寺				頁 255
	菩提寺	∨			頁 255
	保寧寺	∨			頁 255
	植福寺	∨			頁 255
	普澤寺	∨			頁 255
	白龍寺	∨			頁 255
	平山寺	∨			頁 255
	乾元寺	∨			頁 255
	淨明寺	∨			頁 255
	長櫟寺	∨			頁 256
	靈泉寺	∨			頁 256
	車步寺	∨			頁 256
	雙城寺	∨			頁 256
	延壽寺	∨			頁 256
	三城寺	∨			頁 256
	禪龕寺	∨			頁 256
	梅城寺	∨			頁 256
	宣團寺	∨			頁 256
	寶福寺	∨			頁 256
	文殊寺	∨			頁 256
	三聖寺	∨			頁 256
	木榴寺	∨			頁 256
	西畬寺	∨			頁 256
	洪山寺	∨			頁 256

管縣	寺　名	重修	新建	敕建	出　　處
懷寧	般若寺	v			頁 257
	法雨寺				頁 257
	圓照寺	v			頁 257
	三雅寺	v			頁 257
	柏子寺	v			頁 257
	報國寺	v			頁 257
	鹿死寺				頁 257
	四武寺				頁 257
	石山寺				頁 257
	紹聖寺				頁 257
	古塘寺				頁 257
	華嚴寺		v		頁 257
	法雨寺	v			頁 257
	龍眠寺	v			頁 257
	龍池寺				頁 257
	華山寺		v		頁 258
	觀音寺		v		頁 258
	桃源寺				頁 258
	大龍寺				頁 258
	松隱寺	v			頁 258
	白麟寺				頁 258
	顯能寺	v			頁 258
	南泉寺		v		頁 258
	興隆寺		v		頁 258
	普澤寺	v			頁 258
	龍泉寺				頁 258
	蓮花寺	v			頁 258
	古塘寺	v			頁 258
	古梅寺				頁 259
	地藏寺		v		頁 259
	玉泉寺	v			頁 259
	雲隱寺				頁 259
	圓通寺	v			頁 259
	正覺寺				頁 259

管縣	寺　名	重修	新建	敕建	出　處
桐城	大寧寺	ˇ			頁 259
	○子寺	ˇ			頁 259
	浮山寺	ˇ			頁 259
	王屋寺	ˇ			頁 259
	覺林寺	ˇ			頁 259
	資福寺	ˇ			頁 259
	金山寺	ˇ			頁 259
	香爐寺	ˇ			頁 259
	雙石寺	ˇ			頁 259
	接待寺	ˇ			頁 259
	合○寺	ˇ			頁 259
	梅溪寺	ˇ			頁 259
	黃花寺	ˇ			頁 259
	靈山寺	ˇ			頁 259
	西岩寺	ˇ			頁 260
	義賢寺	ˇ			頁 260
	靈泉寺	ˇ			頁 260
	中方寺	ˇ			頁 260
	天眞寺	ˇ			頁 260
	茂林寺	ˇ			頁 260
	水圍寺	ˇ			頁 260
	四望寺	ˇ			頁 260
	巢山寺	ˇ			頁 260
	查林寺	ˇ			頁 260
	雲際寺	ˇ			頁 260
	圓通寺	ˇ			頁 260
	麻溪寺	ˇ			頁 260
	永利寺		ˇ		頁 260
	黃蘗寺		ˇ		頁 260
	赤城寺		ˇ		頁 260
	福興寺		ˇ		頁 260

管縣	寺　　名	重修	新建	敕建	出　　處
桐城	雙石寺		∨		頁 260
	普濟寺				頁 260
	觀音寺				頁 260
	白花寺	∨			頁 261
	圓覺寺	∨			頁 261
	圓照寺				頁 261
灊山	山谷寺				頁 261
	永隆寺	∨			頁 261
	天寧寺	∨			頁 261
	求芝寺	∨			頁 261
	延壽寺				頁 261
	靈隱寺				頁 261
	百丈寺	∨			頁 261
	廣教寺	∨			頁 261
	羅漢寺	∨			頁 262
	登高寺	∨			頁 262
	東山寺	∨			頁 262
	上奉仙寺	∨			頁 262
	下奉仙寺	∨			頁 262
	清涼寺	∨			頁 262
	太平寺	∨			頁 262
	資福寺	∨			頁 262
	永慶寺	∨			頁 262
	法雲寺	∨			頁 262
	石陂寺	∨			頁 262
	雲居寺	∨			頁 262
	甘露寺	∨			頁 262
	雲溪寺	∨			頁 263
	吉祥寺	∨			頁 263
	雲峰寺	∨			頁 263
	觀音寺	∨			頁 263

管縣	寺　　　名	重修	新建	敕建	出　　處
濳山	時思寺	∨			頁 263
	西竺寺	∨			頁 263
	演化寺	∨			頁 263
	登場寺	∨			頁 263
	佛子寺	∨			頁 263
	祖登寺	∨			頁 263
	萬安寺	∨			頁 263
	永○寺	∨			頁 263
	珠琳寺	∨			頁 263
	大通寺	∨			頁 264
	西峰寺	∨			頁 264
	妙淨寺		∨		頁 264
	金城寺				頁 264
	馬鞍山寺	∨			頁 264
	太平塔寺	∨			頁 264
太湖	海會寺		∨		頁 264
	眞乘寺		∨		頁 264
	無相寺	∨			頁 264
	安定寺	∨			頁 264
	龍門寺	∨			頁 264
	獨阜寺	∨			頁 264
	荻勝寺	∨			頁 264
	音山寺	∨			頁 264
	普照寺	∨			頁 264
	覺嚴寺	∨			頁 264
	盧塘寺	∨			頁 264
	石羊寺	∨			頁 264
	南山寺	∨			頁 264
	妙法寺	∨			頁 264
	得雲寺	∨			頁 265
	觀音寺	∨			頁 265

管縣	寺　　名	重修	新建	敕建	出　　處
太湖	高格寺	∨			頁 265
	安樂寺	∨			頁 265
	廨院寺	∨			頁 265
	石溪寺	∨			頁 265
	○生寺	∨			頁 265
	爾陀寺	∨			頁 265
	桐山寺	∨			頁 265
	聖跡寺	∨			頁 265
	舍利寺	∨			頁 265
	三千寺	∨			頁 265
	光山寺	∨			頁 265
	金井寺	∨			頁 265
	崇報寺	∨			頁 265
	千佛寺	∨			頁 265
	佛圓寺	∨			頁 265
	長林寺	∨			頁 265
	二祖寺	∨			頁 265
宿松	東禪寺	∨			頁 265
	福昌寺	∨			頁 265
	南臺寺	∨			頁 265
	廣福寺	∨			頁 265
	靈隱寺	∨			頁 265
	棲隱寺	∨			頁 265
	柘林寺	∨			頁 265
	大梵寺	∨			頁 265
	東寺	∨			頁 265
	界牌寺	∨			頁 265
	興化寺	∨			頁 266
	月山寺	∨			頁 266
	寶相寺	∨			頁 266
	嚴恭寺	∨			頁 266

管縣	寺　名	重修	新建	敕建	出　處
宿松	南池寺	∨			頁 266
	報恩寺	∨			頁 266
	雙井寺	∨			頁 266
	文殊寺	∨			頁 266
	韭山寺	∨			頁 266
	祖堂寺	∨			頁 266
	龍山寺				頁 266
	西寺	∨			頁 266
	忠節寺				頁 266
	龍王寺				頁 266
	彌勒寺				頁 266
	燃燈寺		∨		頁 266
望江	青林寺	∨			頁 266
	南臺寺	∨			頁 266
	菩提寺	∨			頁 267
	泉塘寺	∨			頁 267
	張山寺	∨			頁 267
	妙光寺	∨			頁 267
	褒隱寺	∨			頁 267
	土岡寺	∨			頁 267
	十里寺	∨			頁 267
	大慈寺	∨			頁 267
	法華寺	∨			頁 267
	比台寺	∨			頁 267
	永思寺	∨			頁 267

附表十三：南直隸寺院修建表──廬州府

說明：本表依微捲《萬曆廬州府志》，卷十一，〈寺觀〉。

管縣	寺　　名	重修	新建	敕建	出　　處
合肥	天王寺				頁 48a
	五星寺				頁 48a
	萬壽寺				頁 48a
	地藏寺				頁 48a
	明教寺				頁 48a
	開福寺				頁 48a
	雞鳴寺				頁 48a
	馬埠寺				頁 48a
	三城寺				頁 48a
	義城寺				頁 48a
	秋珊寺				頁 48a
	白露寺				頁 48a
	清規寺				頁 48a
	華城寺				頁 48a
	營元寺				頁 48a
	寶教寺				頁 48a
	龍泉寺				頁 48a
	明覺寺				頁 48a
	石佛寺				頁 48a
	石塘寺				頁 48b
	圓○寺				頁 48b
	西廣佛寺				頁 48b
	須陀寺				頁 48b
	明城寺				頁 48b
	通惠寺				頁 48b
	多寶寺				頁 48b
	甘露寺				頁 48b

管縣	寺　　名	重修	新建	敕建	出　　處
合肥	牛寨寺				頁 48b
	麻城寺				頁 48b
	香積寺				頁 48b
	四頂寺				頁 48b
	龍華寺				頁 48b
	東廣福寺				頁 48b
	邑棠寺				頁 48b
	浮槎寺				頁 48b
	淨注寺				頁 48b
	龍城寺				頁 48b
	游塘寺				頁 48b
	包城寺		∨		頁 48b
	長樂寺				頁 48b
	龍會寺				頁 48b
	定光寺				頁 48b
	東龍泉寺				頁 48b
	小豐寺				頁 48b
	潮城寺				頁 48b
	壽龍寺				頁 48b
	施婆寺				頁 48b
	清平寺				頁 48b
	蔚藍寺				頁 48b
	萬年寺				頁 48b
	東香積寺				頁 48b
	三學寺				頁 48b
	黃塘寺				頁 48b
	演法寺				頁 49a
	藥師寺				頁 49a
	石佛寺				頁 49a
	禮拜寺		∨		頁 49a

管縣	寺　名	重修	新建	敕建	出　　處
舒城	觀音寺				頁 50a
	眞如寺				頁 50a
	千佛寺				頁 50a
	南伏虎寺				頁 50b
	羅漢寺				頁 50b
	旌忠寺				頁 50b
	春秋寺				頁 50b
	衍壽寺				頁 50b
	翠峰寺				頁 50b
	歸宗寺				頁 50b
	東○寺				頁 50b
盧江	治父寺				頁 51a
	金剛寺				頁 51a
	妙光				頁 51a
無爲州	景福寺				頁 51a
	羅漢寺				頁 51a
	北汰寺				頁 51a
	雙泉寺				頁 51a
	寶林寺				頁 51a
巢縣	慈氏寺				頁 52a
	西隱寺				頁 52a
	羅漢寺				頁 52a
	法雲寺				頁 52a
	大甘泉寺				頁 52a
	小甘泉寺				頁 52a
	林泉寺				頁 52a
	清泰寺				頁 52a
	竹城寺				頁 52a
	觀心寺				頁 52a
	法輪寺				頁 52a
	大力寺				頁 52a

管縣	寺　名	重修	新建	敕建	出　處
巢縣	廣嚴寺				頁 52a
	尖山寺				頁 52a
	金城寺				頁 52a
	圓通寺				頁 52a
	白馬寺				頁 52a
	鳳凰寺				頁 52a
	上生寺				頁 52a
六安州	觀音寺				頁 52b
	華殿寺				頁 52b
	硤石寺				頁 52b
	黃連寺				頁 52b
	丁馬寺				頁 52b
	廣福寺				頁 52b
	古城寺				頁 52b
	西峰寺				頁 52b
	南嶽寺				頁 52b
	昭慶寺				頁 52b
	高崗寺				頁 52b
	大興寺				頁 52b
	圓通寺				頁 52b
	化城寺				頁 52b
	華嚴寺				頁 52b
	寶教寺				頁 52b
	雲居寺				頁 52b

附表十四：南直隸寺院修建表——徽州府

說明：本表出於成文版《嘉靖徽州府志》卷二二〈寺觀〉。

管縣	寺　　名	重修	新建	敕建	出　　處
歙縣	天寧萬壽禪寺〔註1〕				頁1705
	太平興國寺				頁1705
	開化禪寺				頁1705
	寶相寺				頁1705
	楊干寺				頁1705
	任公寺				頁1705
	○溪寺				頁1705
	溪事寺				頁1705
	湖田寺				頁1705
	積慶寺				頁1705
	能仁尼寺				頁1705
	福田寺				頁1705
	玉岐寺				頁1705
	褒忠寺				頁1705
	山旁寺				頁1705
	揭湖寺				頁1705
	中峰寺				頁1705
	崇福寺				頁1705
	大中祥符禪院				頁1705
	乾明禪院				頁1705
	水陸院				頁1705
	白蓮院				頁1705
	普庵院				頁1705
	西峰院				頁1705

〔註1〕萬壽禪寺：其走廊基地前半截爲雜造局，其右廊及三門基地，洪武九年爲軍營屋。

管縣	寺　　名	重修	新建	敕建	出　　處
	惠化院				頁 1705
	白楊院				頁 1705
	金城院				頁 1705
	金紫院				頁 1705
	江祈院				頁 1710
	靈山院				頁 1710
	清泉院				頁 1710
	溪頭院				頁 1710
	古城院				頁 1710
	漢洞院				頁 1710
	古巖院				頁 1710
	興福院				頁 1710
	坦平院				頁 1710
	黃坑院				頁 1710
	靈康院				頁 1710
	葛塘院				頁 1710
	富山院				頁 1710
	仁義院				頁 1710
	向杲院				頁 1710
	小溪院				頁 1710
	周流院				頁 1710
	保安院				頁 1710
	資福院				頁 1710
	香油院				頁 1710
	陳塘院				頁 1710
	臨塘院				頁 1710
	華嚴院				頁 1710
	聖僧院				頁 1710
	長山庵				頁 1710
	高眉庵	∨			頁 1710

管縣	寺　名	重修	新建	敕建	出　處
休寧	普滿禪寺	∨			頁 1710～1714
	建初寺	3			頁 1710～1714
	永慶寺				頁 1710～1714
	萬安寺	初			頁 1710～1714
	新屯寺	∨			頁 1710～1714
	富咋寺				頁 1710～1714
	方興寺				頁 1710～1714
	齊祈寺				頁 1710～1714
	龍宮寺				頁 1710～1714
	星洲寺				頁 1710～1714
	嘉祥寺				頁 1710～1714
	月溪寺				頁 1710～1714
	雙門寺				頁 1710～1714
	普照寺				頁 1710～1714
	陽山院				頁 1710～1714
	慈寺院				頁 1710～1714
	吳山院				頁 1710～1714
	蜜多院				頁 1710～1714
	石橋院				頁 1710～1714
	普滿塔庵				頁 1710～1714
	松蘿庵				頁 1710～1714
	南山庵				頁 1710～1714
	英山庵				頁 1710～1714
	金龍庵				頁 1710～1714
	三寶庵				頁 1710～1714
	千秋庵				頁 1710～1714
	等慈庵				頁 1710～1714
	覺慈庵				頁 1710～1714
	施水庵				頁 1710～1714
	錦堂庵				頁 1710～1714

管縣	寺　名		重修	新建	敕建	出　處
歙縣	全眞庵					頁 1715
	易山庵					頁 1715
婺源	洪武二五年併於萬壽寺，後各復入本寺	普濟寺	初			頁 1716～1721
		龍居寺	初			頁 1716～1721
		靈山寺	初			頁 1716～1721
		○○寺	初			頁 1716～1721
		高峰寺	初			頁 1716～1721
		新田寺	初			頁 1716～1721
		隆慶寺	初			頁 1716～1721
		新興寺	初			頁 1716～1721
		泗州	初			頁 1716～1721
	黃連寺					頁 1716～1721
	併入前寺其餘同上	開化寺	∨			頁 1716～1721
		龍淵寺	∨			頁 1716～1721
		鳳林寺	∨			頁 1716～1721
		新興寺	∨			頁 1716～1721
		錢塘寺	∨			頁 1716～1721
		香嚴寺	∨			頁 1716～1721
		鳳林寺	∨			頁 1716～1721
		如意寺	∨			頁 1716～1721
	靈山寺		初			頁 1716～1721
	併入福山寺其餘同前	大田寺	初			頁 1716～1721
		天王寺	初			頁 1716～1721
		福山寺	∨			頁 1716～1721
		白塔寺	∨			頁 1716～1721
		○○寺	∨			頁 1716～1721
		新興寺	∨			頁 1716～1721
		重興寺	∨			頁 1720～1724
		靈河寺	∨			頁 1720～1724
		沙門寺	∨			頁 1720～1724
		山房寺	∨			頁 1720～1724
		資福寺	∨			頁 1720～1724
		廣福寺	∨			頁 1720～1724

管縣	寺　　名	重修	新建	敕建	出　處
	朗湖院	v			頁 1720～1724
	眞如庵	v			頁 1720～1724
	高峰院				頁 1720～1724
	宏山庵	v			頁 1720～1724
	碧雲庵	v			頁 1720～1724
	肇安庵	v			頁 1720～1724
	保安寺				頁 1720～1724
	荷恩寺				頁 1720～1724
	曹溪寺				頁 1720～1724
祈門	悟法寺	初			頁 1724～1727
	靈泉寺				頁 1724～1727
	忠國顯親下院				頁 1724～1727
	廣福寶林禪院				頁 1724～1727
	石門院				頁 1724～1727
	重興內外二院				頁 1724～1727
	資福院				頁 1724～1727
	普安院				頁 1724～1727
	報慈庵				頁 1724～1727
	安豐庵				頁 1724～1727
	雲平庵				頁 1724～1727
	白蓮庵				頁 1724
	黃沙庵				頁 1724～1727
	永禧庵				頁 1724～1727
	普福庵				頁 1724～1727
	橫山尼庵				頁 1724～1727
黟	○如庵				頁 1724～1727
	泗洲庵				頁 1724～1727
	東山庵				頁 1724～1727
	石鼓院				頁 1724～1727
	精林院				頁 1724～1727
	靄山院				頁 1724～1727
	廣安寺	元			頁 1724～1727
	子○寺				頁 1724～1727
	延慶院	初			頁 1724～1727

管縣	寺　　名		重修	新建	敕建	出　　處
績溪	天王寺		初			頁 1724～1727
	洪武二五年併入天王寺	普照寺				頁 1724～1727
		藥師寺				頁 1724～1727
		新興寺				頁 1724～1727
		慈雲寺				頁 1724～1727
		義林寺				頁 1724～1727
		廣化寺				頁 1724～1727
		福昌寺				頁 1724～1727
		正覺寺				頁 1724～1727
		覺乘寺				頁 1724～1727
	太平禪寺		初			頁 1724～1727
	併入前寺	光相寺				頁 1724～1727
		福田寺				頁 1724～1727
		清福禪院				頁 1724～1727
	清隱寺					頁 1724～1727
	併入前寺	盧山寺				頁 1724～1727
		崇福寺				頁 1724～1727
		前山寺				頁 1724～1727
		靈鷲寺	8			頁 1727
		興福寺				頁 1727
		廣福寺				頁 1727
		新建寺				頁 1727

附表十五：南直隸寺院修建表──鎮江府

說明：本表依微捲《萬曆鎮江府志》，卷三三，〈寺觀〉。

管縣	寺　名	重修	新建	敕建	出　處
丹徒	金山寺				頁數不詳
	勝果講寺				頁數不詳
	善禧寺	ˇ			頁數不詳
	萬壽寺	ˇ			頁數不詳
	普照寺	ˇ			頁數不詳
	龍華寺	中			頁數不詳
	玉山報恩				頁數不詳
	登雲寺	初			頁數不詳
	道林寺	ˇ			頁數不詳
	招隱寺				頁數不詳
	惠安寺	ˇ			頁數不詳
	○○寺				頁數不詳
	天王承慶寺	ˇ			頁數不詳
	羅漢寺				頁數不詳
	羅漢寺				頁數不詳
	延慶寺				頁數不詳
	因勝寺				頁數不詳
	向善寺				頁數不詳
	招慶報慈寺				頁數不詳
	幽棲寺				頁數不詳
	水陸寺				頁數不詳
	能仁寺	ˇ			頁數不詳
	大覺寺				頁數不詳
	長樂講寺				頁數不詳
	海會寺				頁數不詳
	永興寺				頁數不詳
	招提寺				頁數不詳
	善業寺				頁數不詳
	靈建寺				頁數不詳
	安聖寺				頁數不詳

管縣	寺　　名	重修	新建	敕建	出　　處
	彌陀寺				頁數不詳
	永業寺				頁數不詳
	○靈寺				頁數不詳
	東霞寺				頁數不詳
	三山寺				頁數不詳
	保福寺		初		頁數不詳
	大聖寺				頁數不詳
	長山寺	32			頁數不詳
	華嚴寺				頁數不詳
	大同寺				頁數不詳
	禮拜寺				頁數不詳
	輪藏寺				頁數不詳
	大興國寺				頁數不詳
	洪福寺				頁數不詳
	橫山寺				頁數不詳
	華藏寺				頁數不詳
	法雲寺				頁數不詳
	大法興寺				頁數不詳
	高安寺	30			頁數不詳
	四瀆安寺	中			頁數不詳
	廣福寺				頁數不詳
	普濟寺				頁數不詳
	華嚴院				頁數不詳
	上生院				頁數不詳
	寶勝院				頁數不詳
	瑞相院				頁數不詳
	化生院				頁數不詳
	輪藏院				頁數不詳
	彌勒院				頁數不詳
	彌勒院				頁數不詳
	羅漢院				頁數不詳
	觀音院				頁數不詳
	釋迦院				頁數不詳
	大聖院				頁數不詳

管縣	寺　名	重修	新建	敕建	出　處
	般若院				頁數不詳
	鶴林院				頁數不詳
	慶安院	∨			頁數不詳
	澤勝院				頁數不詳
	無違院				頁數不詳
	淨土院				頁數不詳
	經藏院				頁數不詳
	報慈院				頁數不詳
	時思院				頁數不詳
	華藏院				頁數不詳
	千佛院				頁數不詳
	大聖院				頁數不詳
	崇惠院				頁數不詳
	彌陀尼院				頁數不詳
	報親庵				頁數不詳
	德雲庵				頁數不詳
	時思庵				頁數不詳
	圓覺庵				頁數不詳
	普照庵				頁數不詳
	○○庵				頁數不詳
	龍華庵				頁數不詳
	普應尼庵				頁數不詳
	奉聖庵				頁數不詳
	臥雲庵				頁數不詳
	普濟庵				頁數不詳
	寶塔庵				頁數不詳
	淨土庵				頁數不詳
	○源庵				頁數不詳
	慈雲庵				頁數不詳
	北普照庵				頁數不詳
	彌陀庵				頁數不詳
	徐墳庵				頁數不詳
	通政庵	∨			頁數不詳
	薦福庵				頁數不詳

管縣	寺 名	重修	新建	敕建	出 處
丹陽	普寧寺	∨			頁數不詳
	昌國寺				頁數不詳
	崇教寺				頁數不詳
	祇林寺	∨			頁數不詳
	梁寶寺				頁數不詳
	廣教寺	∨			頁數不詳
	菩薩寺				頁數不詳
	妙覺寺	∨			頁數不詳
	定善寺				頁數不詳
	○○寺				頁數不詳
	嘉山寺				頁數不詳
	○○寺				頁數不詳
	法雲寺				頁數不詳
	藏經寺				頁數不詳
	普慈寺	∨			頁數不詳
	廣福院				頁數不詳
	戒○院				頁數不詳
	○○院				頁數不詳
	崇福院				頁數不詳
	普化院				頁數不詳
	昌福院				頁數不詳
	崇慶院				頁數不詳
	善慶院				頁數不詳
	興聖院				頁數不詳
	寧壽院				頁數不詳
	義行院				頁數不詳
	集慶院				頁數不詳
	清涼院				頁數不詳
	奉先院				頁數不詳
	天王院				頁數不詳

管縣	寺　　名	重修	新建	敕建	出　　處
	植德博施院				頁數不詳
	大聖院（五間）				頁數不詳
	大慈院				頁數不詳
	普濟院				頁數不詳
	積慶院				頁數不詳
	龍竿院				頁數不詳
	大同庵				頁數不詳
	奇林庵				頁數不詳
	西報庵				頁數不詳
	水西庵				頁數不詳
	貢墳庵				頁數不詳
	邵道庵				頁數不詳
	荊村庵				頁數不詳
	谷隱庵				頁數不詳
	寶應庵				頁數不詳
	觀音庵				頁數不詳
	通濟庵				頁數不詳
	圓通庵				頁數不詳
	吉祥庵	∨			頁數不詳
	廣善庵				頁數不詳
	鍾墳庵				頁數不詳
	前莊庵				頁數不詳
	報恩庵				頁數不詳
	護聖庵				頁數不詳
	同坑庵				頁數不詳
	無相庵				頁數不詳
	寶林庵				頁數不詳
	瑞應庵	∨			頁數不詳
	致敬庵				頁數不詳
	普利庵				頁數不詳

管縣	寺　名	重修	新建	敕建	出　處
金壇	慈雲寺				頁數不詳
	布金寺				頁數不詳
	西禪寺				頁數不詳
	崇聖寺	∨			頁數不詳
	大聖寺				頁數不詳
	延慶寺				頁數不詳
	普慈寺				頁數不詳
	廣恩崇福寺				頁數不詳
	報恩寺	∨			頁數不詳
	彌陀寺				頁數不詳
	新興寺				頁數不詳
	顯慶院				頁數不詳
	福仙院				頁數不詳
	萬安院				頁數不詳
	眞如庵				頁數不詳
	彭城庵				頁數不詳
	興福庵				頁數不詳
	天竺庵				頁數不詳
	○○庵				頁數不詳
	無盡庵				頁數不詳
	湖溪庵				頁數不詳
	張祠庵				頁數不詳
	滿相庵				頁數不詳
	明覺庵				頁數不詳
	思敬庵				頁數不詳
	陳塘庵				頁數不詳
	給孤庵				頁數不詳

附表十六：南直隸寺院修建表——揚州府

說明：本表出於微捲版《萬曆揚州府志》卷二三〈方外志～志觀〉

管縣	寺　名	重修	新建	敕建	出　處
江都	天寧禪寺				頁 1a
	法雲寺				頁 1a
	石塔禪寺				頁 1a
	旌忠教寺				頁 1b
	興教禪寺				頁 1b
	建隆禪寺				頁 1b
	大明寺				頁 1b
	鐵佛寺				頁 2a
	上方禪智寺				頁 2a
	寶勝寺				頁 2b
	山光寺				頁 2b
	西方禪寺				頁 3a
	壽安教寺				頁 3b
	清涼講寺				頁 3b
	惠照教寺				頁 3b
	南來觀音寺				頁 4a
	圓通禪寺				頁 4a
	廣福寺				頁 4a
	救生教寺				頁 4a
	觀音教寺				頁 4a
	法海禪寺				頁 4a
	觀音禪寺				頁 4a
	釋迦教院				頁 4b
	天王教寺				頁 4b
	法華寺				頁 4b
	梵行教寺				頁 4b
	棘林寺				頁 4b
	投子教寺				頁 4a
	北興教寺				頁 4a

管縣	寺　　名	重修	新建	敕建	出　　處
	北壽安寺				頁 4b
	嵩山寺				頁 4b
	甘泉山寺				頁 4b
	禮拜寺				頁 4b
儀眞	天寧萬壽禪寺	✓			頁 5a
	乾明寺				頁 5b
	長蘆崇福禪院				頁 5b
	資福寺				頁 5b
	崇因永慶寺				頁 5b
	方山梵天寺				頁 5b
	禪慧寺				頁 5b
	禪證寺				頁 5b
	地藏寺	✓			頁 5b
	山光寺				頁 5b
	西方寺				頁 6a
	隆覺寺				頁 6a
	法義禪院				頁 6a
泰興縣	廣福院教寺				頁 6b
	慶雲禪寺				頁 6b
高郵州	天王禪寺				頁 6b
	乾明教寺				頁 6b
	永興禪寺				頁 6b
	承天大梵講寺				頁 6b
	光福教寺				頁 6b
興化縣	定慈禪寺				頁 7a
	東廣福教寺				頁 7a
	西寶嚴教寺				頁 7a
	時思講寺				頁 7a
	崇福寺				頁 7a
	乾明寺				頁 7a
	羅漢寺				頁 7a
寶應縣	齊興寺				頁 7b

管縣	寺　　　名	重修	新建	敕建	出　處
	眞如寺				頁 7b
	寧國教寺				頁 7b
	唐興寺				頁 7b
	靈芝寺				頁 7b
	蘭亭禪院				頁 7b
	護國院				頁 7b
	蜆○院				頁 7b
	甫里院				頁 7b
	天宮慈院				頁 7b
	龍竿院				頁 7b
泰州	報恩光孝禪寺				頁 8a
	南山教寺				頁 8a
	開化禪寺				頁 8a
	常樂教寺				頁 8a
	廣福教寺				頁 8a
	東廣福教寺				頁 8b
	景德教寺				頁 8b
	岱岳教寺				頁 8b
	護國教院				頁 8b
	回車教院				頁 8b
	壽聖教院				頁 10a
	千佛教院				頁 10a
	勝因教院				頁 10a
	旌忠教院				頁 10a
	地藏教院				頁 10a
	寶福教院				頁 10a
如皋	廣福寺				頁 9a
	中禪教寺				頁 9a
	定慧教寺				頁 9a
通州	天寧禪寺				頁 9a
	狼山廣教禪寺				頁 9a
	興國禪寺	14			頁 9b
	興化教寺				頁 9b
	廣惠寺				頁 9b

附表十七：南直隸寺院修建表——蘇州府

說明：本表依學生書局版《正德姑蘇志》，卷三十，〈寺觀下〉。

管 縣	寺	名	重修	新建	敕建	出 處
長洲縣	開元禪寺					頁 371
	併入前寺	報國院				頁 372
		化城庵				頁 372
						頁 372
	報恩講寺					頁 372
	併入前寺	東華嚴寺				頁 373
		西華嚴寺				頁 373
		集慶庵				頁 373
		西資庵				頁 373
	瑞光禪寺		中			頁 373
	併入前寺	順心庵				頁 373
	萬壽禪寺		˅			頁 374
	併入前寺	普門寺				頁 374
		包山禪院				頁 374
		明因禪院				頁 374
		崇慶庵				頁 374
		善慧庵				頁 374
		善現庵				頁 374
		東林庵				頁 374
		積善庵				頁 374
		福慧庵				頁 374
		興福庵	˅			頁 374
		正覺禪寺				頁 374
	承天能仁禪寺					頁 374
	併入前寺	觀音庵	˅			頁 374
		福昌寺				頁 375
		崇義院				頁 375

管 縣	寺	名	重修	新建	敕建	出　　處
		集福庵				頁 375
		大乘庵				頁 375
		祇園庵				頁 375
		獅子林庵				頁 375
		休休庵				頁 375
		定慧庵				頁 375
		圓通寺				頁 375
		能仁庵				頁 375
		善護庵				頁 375
		信心庵				頁 375
	靈鷲教寺					頁 375
		靈鷲庵				頁 376
		慶雲庵				頁 376
		寶志庵				頁 376
	併入前寺	天福庵				頁 376
		集慶庵				頁 376
		報親庵				頁 376
	東禪教寺		∨			頁 376
		重昇院				頁 376
		寧壽庵				頁 376
		東林庵				頁 376
		○濟庵				頁 376
		天寧庵				頁 376
	併入前寺	通玄庵				頁 376
		觀音庵				頁 376
		化城庵				頁 376
		普利庵				頁 376
		福壽庵				頁 376
		光明庵				頁 376
	永定講寺		中			頁 376
		景德寺				頁 376
		西禪寺				頁 376
	併入前寺	天王寺				頁 377
		大弘寺				頁 377
		洪範淨慧院				頁 377

管 縣	寺	名	重修	新建	敕建	出 處
	北禪講寺		中			頁 377
	併入前寺	昭慶寺				頁 378
		無量壽院				頁 378
		普福院				頁 378
		圓明庵				頁 378
		佛慧庵				頁 378
		安隱庵				頁 378
		天龍庵				頁 378
		揀汰庵				頁 378
		德慶庵				頁 378
	南禪禪寺					頁 378
	併入前寺	妙隱庵				頁 378
		大雲庵				頁 378
	雙塔禪寺					頁 379
	併入前寺	永壽庵				頁 379
		衍慶庵				頁 379
		惠林庵				頁 379
		圓通庵				頁 379
	定慧禪寺		中			頁 379
	併入前寺	祚眞庵				頁 379
		化城庵				頁 379
		淨住庵		10		頁 379
	寶光講寺 〔註1〕		∨			頁 379
	併入前寺	法雲塔院	初			頁 380
		永慶庵				頁 380
		崇福庵				頁 380
		定銘庵				頁 380
		觀音庵				頁 380
		顯慶庵				頁 380
		福興庵				頁 380

〔註1〕 寶光講寺：洪武中即寺爲軍營，遂廢。其後普董庵僧善識捨本庵地改建。

管　縣	寺　　名		重修	新建	敕建	出　　處
	廣化教寺					頁 380
	併入前寺	龍興寺				頁 380
		天宮寺				頁 381
		寶林寺				頁 381
		定光庵				頁 381
		積慶庵				頁 381
		銘心庵				頁 381
		即山庵				頁 381
		華藏庵				頁 381
	積慶禪寺		初			頁 381
	併入前寺	聖安庵				頁 381
		報恩庵				頁 381
		報親庵				頁 381
		觀音庵				頁 381
		福慶庵				頁 381
	寶幢講寺					頁 381
	併入前寺	上善庵				頁 381
		吉祥庵				頁 381
		聖福庵				頁 381
	泗洲寺					頁 381
	併入前寺	西隱庵				頁 381
		法圓庵				頁 381
		安隱庵				
		大聖庵				頁 382
		清隱庵				頁 382
	朱明寺					頁 382
	傳法寺					頁 382
	西竺寺					頁 382
	妙湛寺					頁 382
	資壽尼院					頁 382

管　縣	寺	名	重修	新建	敕建	出　處
	虎丘禪寺					頁 384
	併入前寺	歸源寺				頁 386
		幻住庵	ˇ			頁 386
		圓照庵				頁 386
		正信庵				頁 386
		會雲庵				頁 386
		雲隱庵				頁 387
		永福庵				頁 387
		圓覺庵				頁 387
		善福庵				頁 387
	半塘壽聖教寺					頁 387
	併入前寺	臻福庵				頁 387
		資福庵				頁 387
		原明庵				頁 387
		清照庵				頁 387
		佛慧庵				頁 387
		得成庵				頁 387
		普光庵				頁 387
		普福庵				頁 387
	迎湖教寺					頁 387
	併入前寺	廣濟庵				頁 387
		崇福庵				頁 387
	白蓮教寺					頁 387
	併入前寺	善慶庵				頁 387
		壽山庵				頁 387
		深捷庵				頁 387
		報德庵				頁 387
		梅林庵				頁 387
		西資庵				頁 387
		觀音庵				頁 387

管　縣	寺　名		重修	新建	敕建	出　處
	靈源教寺					頁 387
	併入前寺	能仁寺				頁 388
		興福寺				頁 388
		中峰寺				頁 388
		三峰寺				頁 388
		彌勒寺				頁 388
		圓照寺				頁 388
	治平教寺					頁 388
	併入前寺	寶積寺				頁 388
		眞如庵				頁 388
		殊勝庵		✓		頁 388
		華嚴庵				頁 388
		圓覺庵				頁 388
	楞伽講寺					頁 388
	併入前寺	白龍庵				頁 389
		妙明庵				頁 389
	穹窿禪寺					頁 389
	併入前寺	寶華寺				頁 389
		薦福禪寺				頁 389
		龍池庵				頁 389
		眞如庵				頁 389
	聖恩庵		中			頁 390
	文殊庵					頁 390
	玉泉庵					頁 390
	靈巖禪寺					頁 390
	併入前寺	道林庵				頁 391
		圓明庵				頁 391
		慶雲庵				頁 391
		壽安庵				頁 391
		殊勝庵				頁 391

管　縣	寺	名	重修	新建	敕建	出　　處
	崇福教寺					頁391
	併入前寺	集善庵				頁391
		福源庵				頁391
		明遠庵				頁391
		慶福庵				頁391
	靈澱教寺					頁391
	併入前寺	法華院				頁391
		景福庵				頁391
		二聖庵				頁391
		法慧庵				頁391
		華嚴庵				頁391
		志覺庵				頁391
		光明庵				頁391
		白鶴庵				頁391
		法華庵				頁391
		息峰庵				頁391
		毛塔庵				頁392
		春申庵				頁392
		積善庵				頁392
	大覺教寺					頁392
	併入前寺	松隱庵				頁392
		文殊庵				頁392
吳縣	天宮教寺					頁392
	併入前寺	廣福禪寺				頁392
		壽寧庵				頁392
		中峰庵				頁392
		積善庵				頁392
		淨居庵				頁392
		報德庵				頁392
		福海庵				頁392
	昭明教寺					頁392
	併入前寺	龍華庵				頁392
		鳳祥庵				頁392

管　縣	寺	名	重修	新建	敕建	出　處
	光福講寺					頁 392
	併入前寺	大慈寺				頁 394
		崇福庵				頁 394
		奉慈庵				頁 394
		雙壽庵				頁 394
		和豐庵				頁 394
		宇文庵				頁 394
		種福庵				頁 394
		圓覺庵				頁 394
	長山教寺					頁 394
	併入前寺	證覺庵				頁 394
		善慶庵				頁 394
		寂照庵				頁 394
		崇福庵				頁 394
		菩薩庵				頁 394
	實相教寺					頁 394
	併入前寺	深沙庵				頁 394
		觀音庵				頁 394
		殊福庵				頁 394
		廣福庵				頁 394
		安隱庵				頁 394
		興福庵				頁 394
		崇福庵				頁 394
	法海寺					頁 394
	併入前寺	華嚴寺				頁 394
		積善庵				頁 394
		北奇庵				頁 394
		寧壽庵				頁 394
	寒山禪寺		中			頁 394
	併入前寺	秀峰禪寺				頁 395
		慧慶禪寺				頁 395
		南峰寺				頁 395
		文殊庵				頁 395
		雲泉庵				頁 395
		射瀆庵				頁 395

管　縣	寺	名	重修	新建	敕建	出　　處
	翠峰禪寺					頁 395
	併入前寺	廣濟寺				頁 395
	上方教寺					頁 395
	併入前寺	祇園寺				頁 395
		水月寺				頁 395
		天台教寺				頁 398
		福源寺				頁 398
		觀音院				頁 399
		羅漢院				頁 399
		資慶院				頁 399
		看經院				頁 399
		長壽院				頁 399
		實濟院				頁 399
		后黃院				頁 399
		東湖庵				頁 399
		普濟庵				頁 399
	白雲禪寺		初			頁 399
	併入前寺	觀音寺				頁 399
		延慶寺				頁 400
		海雲庵				頁 400
		深隱庵				頁 400
		海慧庵				頁 400
		覺林庵				頁 400
長洲	蓮花教寺					頁 400
	併入前寺	陸香寺				頁 400
		慶慈庵				頁 400
		七寶泉庵				頁 400
		深居庵				頁 400

管　縣	寺	名	重修	新建	敕建	出　　處
吳縣	寶壽教寺		∨			頁 400
	併入前寺	雍熙寺	初			頁 400
		姑蘇寺				頁 400
		餘慶院				頁 400
		普照庵				頁 400
		建名庵				頁 400
		永壽庵				頁 401
		觀音庵				頁 401
		留雲庵				頁 401
長洲	興國教寺		中			頁 401
	併入前寺	眞如庵				頁 401
		普濟庵				頁 401
	保聖教寺					頁 401
	併入前寺	定善庵				頁 401
		福源庵				頁 401
		五福庵				頁 401
		資福庵				頁 401
		流通庵				頁 401
	求壽教寺					頁 401
	併入前寺	壽寧庵				頁 401
		崇遠庵				頁 401
		報福庵				頁 401
		圓通庵				頁 401
		觀音庵				頁 401
		西歸庵				頁 401
		植福懺堂				頁 401
	覺林教寺		中			頁 401
	併入前寺	妙智寺				頁 401
		濮陀庵				頁 401
		崇福庵				頁 401
		覺地庵				頁 401

管　縣	寺	名	重修	新建	敕建	出　　處
	澄照教寺					頁 401
	併入前寺	景福庵				頁 402
		文殊庵				頁 402
	甋山教寺					頁 402
	併入前寺	奉仙寺				頁 402
		廣福庵				頁 402
		觀音庵〔註 2〕				頁 402
	法華教寺					頁 402
	併入前寺	衍慶庵				頁 402
		妙名庵				頁 402
		興福庵				頁 402
		歐治庵				頁 402
	白蓮講寺					頁 402
	併入前寺	陸塘塔院				頁 402
		流通庵				頁 402
		晉明庵				頁 402
		慈雲庵				頁 402
	利濟教寺					頁 402
	併入前寺	淨土寺				頁 403
		法雲院				頁 403
	大覺教寺					頁 403
	併入前寺	北峰寺				頁 403
		華山寺				頁 403
		覺林院				頁 403
		壽慈庵				頁 403
		覺海庵				頁 403
		西資庵				頁 403
		福嚴庵				頁 403
	磧沙禪寺					頁 403
	併入前寺	集福庵				頁 403
		集慶庵				頁 403
		迎福庵				頁 403

〔註 2〕觀音庵有兩間

管 縣	寺	名	重修	新建	敕建	出 處
	崇福教寺					頁 403
		名因寺				頁 403
		福壽庵				頁 403
	併入前寺	圓通庵				頁 403
		福濟庵				頁 403
		定祥庵				頁 403
	接待教寺					頁 403
		普明庵				頁 403
		崇眞庵				頁 404
		圓通庵				頁 404
		孝友庵				頁 404
		般若庵				頁 404
	併入前寺	延福庵				頁 404
		道王庵				頁 404
		夷王庵				頁 404
		圓明庵				頁 404
		崇壽庵				頁 404
		白龍庵				頁 404
吳縣	普賢教寺					頁 404
		明月寺				頁 404
		積慶庵				頁 404
		迎福庵				頁 404
	併入前寺	積善庵				頁 404
		寶覺庵				頁 404
		懷敬庵				頁 404
		資福庵				頁 404
長洲縣	全福講寺					頁 404
		善住庵				頁 404
	併入前寺	觀妙庵				頁 404
		永應庵				頁 404
		清遠庵		✓		頁 404

管　縣	寺	名	重修	新建	敕建	出　　處
崑山	景德教寺		中			頁 406
	併入前寺	草堂庵				頁 406
		圓明庵				頁 406
		積慶庵				頁 406
		集慶庵				頁 406
		法喜庵				頁 406
		觀音庵				頁 406
		廣福庵				頁 406
	慧聚教寺		中			頁 406
	併入前寺	餘慶庵				頁 407
		擁翠庵		4		頁 407
	華藏講寺		13			頁 407
	併入前寺	超化庵				頁 408
	薦嚴資福禪寺					頁 408
	併入前寺	無相禪寺	中			頁 408
		延福庵				頁 408
		觀音堂				頁 408
	能仁教寺		23			頁 408
	報國講寺		23			頁 408
	聖像教寺					頁 408
	併入前寺	延福教寺				頁 408
	延祥教寺		11			頁 408
	趙靈興福教寺		中			頁 408
	福嚴禪寺		中			頁 408
	併入前寺	餘慶庵				頁 409
常熟	慧日禪寺					頁 410
	併入前寺	練塘寺	初			頁 410
		寶嚴禪寺				頁 410
		羅墩庵				頁 410
		時親庵				頁 410
	東靈寺					頁 411

管　縣	寺　　名		重修	新建	敕建	出　　處
	崇教興福教寺		中			頁 411
	併入前寺	廣福院				頁 411
		東塔院				頁 411
		崇福院				頁 411
		福順庵				頁 411
		常慶庵				頁 411
		崇福庵				頁 411
		金李庵				頁 411
		資福庵				頁 411
		白龍庵				頁 411
	維摩禪寺		中			頁 411
	併入前寺	明因禪寺				頁 412
		上方院				頁 412
		瑞石庵				頁 412
		拂水庵		3		頁 412
	求慶教寺					頁 412
	併入前寺	明王庵				頁 412
		朗城庵				頁 413
		悉浦庵				頁 413
		餘慶庵				頁 413
		慈敬庵				頁 413
		何王庵				頁 413
		伍相庵				頁 413
		晏林庵				頁 413
	妙清教寺		中			頁 413
	併入前寺	報慈院				頁 413
		崇慶庵				頁 413
		廣福庵				頁 413
		善濟庵				頁 413
		圓應庵				頁 413
		崇福庵				頁 413
		戈墅庵				頁 413

管　縣	寺　　名		重修	新建	敕建	出　　處
		法華庵				頁 413
		圓通庵				頁 413
		崇福庵				頁 413
		觀音庵				頁 413
		雲慶庵				頁 413
	大慈教寺		初			頁 413
	併入前寺	邵莊庵				頁 413
		慈義庵				頁 413
	勝法寺					頁 413
	智林教寺					頁 414
	併入前寺	如存院				頁 414
		桑倫庵				頁 414
		高浦庵				頁 414
		福田庵				頁 414
		資福庵				頁 414
		觀音庵				頁 414
		杜相庵				頁 414
吳江	**聖壽禪寺**					頁 415
	併入前寺	報恩寺				頁 416
		積慶庵				頁 416
		西歸庵				頁 416
		南思庵				頁 416
		南渡船庵				頁 416
		清隱庵				頁 416
		西隱庵				頁 416
	無礙講寺					頁 416
	併入前寺	眞際庵				頁 416
		普福庵				頁 416
		觀音庵				頁 416
		集善庵				頁 416
		北渡船庵		5		頁 416
		西渡船庵		3		頁 416

管　縣	寺　　名		重修	新建	敕建	出　　處
	寧境華嚴講寺					頁 416
	併入前寺	圓明寺	初			頁 417
		迎恩庵				頁 417
		茂靖庵				頁 417
		資恩庵				頁 417
		吉祥庵				頁 417
		應緣庵				頁 417
		南清隱庵				頁 417
		報親庵				頁 417
	法喜教寺					頁 417
	併入前寺	普渡庵				頁 417
		普濟庵				頁 417
		普同庵				頁 417
		圓明庵				頁 417
		南印庵				頁 417
		北清隱庵				頁 417
	奉仙教寺					頁 417
	併入前寺	崇慶院				頁 417
		崇敬庵				頁 417
		雲岫庵				頁 417
		圓乘庵				頁 417
		廣福庵				頁 417
		華嚴庵				頁 417
		普慈庵				頁 417
		定慧庵				頁 417
	妙智寺		中			頁 418
	併入前寺	興福庵				頁 418
		德成庵				頁 418
		東隱庵				頁 418
		遠塵庵				頁 418
		孝思庵				頁 418

管　縣	寺	名	重修	新建	敕建	出　　處
	雙林教寺					頁 418
	併入前寺	妙華庵				頁 418
		崇福庵				頁 418
		一眞庵				頁 418
		巖峰庵				頁 418
		吉祥庵				頁 418
		普銘子庵				頁 418
		圓熙庵				頁 418
	應天教寺					頁 418
	併入前寺	清隱庵				頁 418
		添福庵				頁 418
		圓成庵				頁 418
		圓成庵				頁 418
		歇村庵				頁 418
		積敬庵				頁 418
		崇親庵				頁 418
	明慶教寺					頁 418
	併入前寺	崇義寺				頁 418
		囑成庵				頁 418
		普慈庵				頁 418
		密隱庵				頁 418
		時思庵				頁 418
		大慈庵				頁 418
	崇吳教寺					頁 418
	併入前寺	瑞雲庵				頁 418
		正宗庵				頁 419
		石溪子庵				頁 419
		興善庵				頁 419
		施水庵				頁 419
		積福庵				頁 419
		寧慶庵				頁 419
		界福庵				頁 419
		福聚庵				頁 419
		通化子庵				頁 419

管　縣	寺	名	重修	新建	敕建	出　　處
	殊勝教寺					頁 419
		顯慶院				頁 419
		大士院				頁 419
		善慶庵				頁 419
		妙德庵				頁 419
	併入前寺	德海庵				頁 419
		化城庵				頁 419
		啓名庵				頁 419
		慶壽庵				頁 419
		正覺庵				頁 419
	普濟禪寺					頁 419
		永樂寺				頁 419
		普向寺				頁 419
		圓通禪院				頁 419
		孝友庵				頁 419
	併入前寺	延福庵				頁 419
		流慶庵				頁 419
		眾福庵				頁 419
		陳庵				頁 419
		壽寧庵				頁 419
	積慶講寺					頁 419
		流福庵				頁 420
		謝天庵				頁 420
	併入前寺	壽春庵				頁 420
		定慧庵				頁 420
		慶福庵				頁 420
	寶覺講寺					頁 420
	併入前寺	契順庵				頁 420
		善慶庵				頁 420
		東源庵				頁 420
		清照庵				頁 420
		正信庵				頁 420

管　　縣	寺	名	重修	新建	敕建	出　　處
		福慶庵				頁 420
		思遠庵				頁 420
		妙峰庵				頁 420
		崇義庵				頁 420
	永福教寺					頁 420
		觀音庵				頁 420
		崇福庵				頁 420
	併入前寺	北隱庵				頁 420
		澄月庵				頁 420
		留珠庵				頁 420
	羅漢講寺					頁 420
		無名庵				頁 420
	併入前寺	安廨庵				頁 420
		奉先庵				頁 420
	永定教寺					頁 420
		德慶庵				頁 420
		思孝庵				頁 420
		流慶庵				頁 420
	併入前寺	上善庵				頁 420
		崇義庵				頁 420
		江渡庵				頁 420
		楞嚴子庵		2		頁 420
	泗洲教寺					頁 421
		錢墳庵				頁 421
		德慶庵				頁 421
	併入前寺	流慶庵				頁 421
		南詢庵				頁 421
		善聚庵				頁 421
		圓通庵				頁 421
	接待教寺					頁 421
	併入前寺	間草庵				頁 421
		普慈庵				頁 421

管 縣	寺	名	重修	新建	敕建	出 處
	海雲禪寺					頁 421
	併入前寺	慶壽庵				頁 421
		永寧庵				頁 421
		觀音庵				頁 421
		渡船庵		3		頁 421
	顯忠教寺					頁 421
	併入前寺	成定院				頁 421
		善勝庵				頁 421
		啓銘庵				頁 421
		復興庵				頁 421
嘉定	崑福講寺〔註3〕		∨			頁 422
	留光禪寺					頁 422
	圓通講寺					頁 422
	併入前寺	集慶講寺	3			頁 422
		法華講院				頁 422
		顧浦庵				頁 422
		永慶庵				頁 422
	積善寺		11			頁 422
	南翔講寺					頁 422
	菩提教寺					頁 423
	併入前寺	宋王庵				頁 423
	方泰教寺					頁 423
	併入前寺	天福庵				頁 423
	護國教寺					頁 423
	併入前寺	吳墳庵				頁 423
		普門庵				頁 423
	保寧教寺					頁 423
	併入前寺	彭越庵				頁 424
	羅漢講寺					頁 424
	併入前寺	普福庵				頁 424
		塢城庵				頁 424

〔註 3〕崑福講寺：洪武初改顧涇巡檢司即舊靈順吉祥院改建之。

管　縣	寺	名	重修	新建	敕建	出　　處
吳江	興聖教寺					頁 424
	併入前寺	保安禪寺				頁 424
		集福庵				頁 424
		積慶庵				頁 424
		楊墳庵				頁 424
	南廣教寺					頁 424
	法昌教寺					頁 424
	併入前寺	積慶庵				頁 424
		奉先庵				頁 424
		東林庵				頁 424
		接待庵				頁 424
		順濟庵				頁 424
	褒忠教寺					頁 424
	併入前寺	趙和庵				頁 424
		定鄉庵				頁 424
	法界教寺					頁 424
	併入前寺	保清講寺				頁 424
		觀音院				頁 424
		崇孝庵				頁 424
		存孝庵				頁 425
	永壽講寺					頁 425
	寶華教寺					頁 425
	併入前寺	崇福庵				頁 425
		薦嚴庵				頁 425
		圓通庵				頁 425
	真如教寺		中			頁 425
	大德萬壽寺		中			頁 425
	萬安教寺					頁 425
	○○教寺					頁 425
	併入前寺	永安院				頁 425
		眞際庵				頁 425
		圓照寺	∨			頁 425

管 縣	寺	名	重修	新建	敕建	出 處
	頓悟教寺					頁425
	永壽禪寺		中			頁425
	併入前寺	普照院				頁425
		明聖庵				頁421
	皇慶教寺					頁421
	併入前寺	淨信講寺				頁426
		報德庵				頁426
		呂和庵				頁426
太倉州	隆福教寺〔註4〕		中			頁426
	併入前寺	眞靜庵				頁426
		通濟庵				頁426
		般若庵				頁426
	崇恩禪寺		∨			頁426
	併入前寺	永懷禪寺	∨			頁426
		觀音庵				頁426
		般若庵				頁426
	法輪講寺		中			頁426
	併入前寺	中峰講寺				頁426
		廣福院				頁27
		趙莊庵				頁27
	陸河聖像教寺		初			頁27
		崇壽院				頁27
		福田庵				頁27
		崇福庵				頁27
		◯湖庵				頁427
		歸雲庵				頁427
		資福庵				頁427
		東禪庵				頁427
		時思庵				頁427

〔註4〕福隆教寺：洪武中以其基爲鎮海衛，邑人孫徹願捨所居，改建于此。

管　縣	寺　　名		重修	新建	敕建	出　　處
	法輪教寺		中			頁 427
	併入前寺	靈寶寺				頁 427
		法華庵				頁 427
		迎春庵				頁 427
		崇祖利濟庵				頁 427
		長壽庵				頁 427
	廣安教寺					頁 427
	併入前寺	褒親崇惠寺				頁 427
		增福院				頁 427
		忠義庵				頁 427
	廣孝講寺		22			頁 427
	併入前寺	正受庵				頁 427
	海寧禪寺		中			頁 427
	併入前寺	正宗庵				頁 428
		圓覺庵				頁 428
	報本禪寺		11			頁 428
	併入前寺	興福院				頁 428
	淮雲教寺					頁 428
	併入前寺	能仁庵				頁 428
		慶福庵				頁 428
		集福庵				頁 428
		五涇庵				頁 428
		顯福庵				頁 428
		太平庵				頁 428
		慶福庵				頁 428
崇明	奉聖禪寺					頁 428
	慈濟教寺					頁 429
	興教禪寺					頁 429
	壽安講寺		17			頁 429

附表十八：南直隸寺院修建表——常州府

說明：本表依天一閣本《續編成化毗陵志》，卷二九，〈寺觀〉。

管縣	寺　　名	重修	新建	敕建	出　處
郡城 （武進）	天寧萬壽禪寺〔註1〕				頁451
	太平講寺				頁453
	正覺教寺	∨			頁454
	崇法教寺	∨			頁455
	開福教寺	∨			頁455
	景德教寺	∨			頁455
	圓明教寺	∨			頁456
	觀音教寺	∨			頁456
	修善教寺	∨			頁457
	永慶寺	∨			頁457
	寶雲寺	∨			頁458
	祥符寺	∨			頁458
	保寧寺	∨			頁459
	顯慶寺	∨			頁459
	文明寺	∨			頁459
	能仁禪寺	∨			頁460
	崇勝禪寺	∨			頁461
	寶林寺	∨			頁462
	興教寺	∨			頁462
	寶相寺	∨			頁463
	智寶寺	∨			頁463
	開法寺	∨			頁463
	薦福禪院	∨			頁464
	法濟禪院	∨			頁465
	新興廣福禪院	∨			頁466
	圓通院	∨			頁467
	大聖院	∨			頁467

〔註1〕 萬封禪寺至修善教寺皆叢林。

管縣	寺　　名	重修	新建	敕建	出　　處
	護國禪寺	v			頁 468
	北觀音院	v			頁 468
	慈恩寺				頁 469
	妙勝寺				頁 469
	資勝寺				頁 469
無錫	華藏禪寺〔註2〕	v			頁 470
	南禪禪寺				頁 470
	慧山禪寺	v			頁 471
	北禪禪寺	v			頁 471
	崇安教寺	v			頁 472
	膠山教寺	v			頁 473
	開利教寺	v			頁 473
	泗洲教寺	v			頁 473
	保安教寺	v			頁 474
	祇陀教寺	v			頁 474
	成性寺				頁 475
	嵩山禪寺				頁 475
	長泰寺	v			頁 475
	保寧寺	v			頁 476
	甘露寺	v			頁 477
	翠微寺	v			頁 477
	興教禪寺				頁 477
	善智寺				頁 478
	○慧寺				頁 478
宜興	法藏禪寺	v			頁 479
	善卷禪寺				頁 480
	大蘆禪寺				頁 481
	李山禪寺				頁 481
	南嶽講寺				頁 482
	福聖教寺				頁 482
	利益教寺	v			頁 483
	復隆教寺				頁 483

〔註 2〕華藏禪寺至祇陀教寺皆叢林。

管縣	寺　　　名	重修	新建	敕建	出　　處
	慧光教寺				頁 483
	金明教寺	∨			頁 484
	廣福教寺	∨			頁 484
	金沙禪寺				頁 485
	普門禪寺				頁 485
	慧明禪寺	∨			頁 486
	保安禪寺				頁 486
	顯德禪寺	∨			頁 487
	崇慶禪寺	∨			頁 487
	法性寺	∨			頁 487
	開勝寺	∨			頁 488
	聖感禪院				頁 488
	大潮庵		∨		頁 489
	顯親追孝禪院	∨			頁 490
	顯忠彰孝禪院				頁 490
	清修禪院	∨			頁 490
	禹門禪院				頁 491
	海會寺				頁 491
	衍慶寺	∨			頁 491
江陰	乾明廣福禪寺〔註3〕				頁 492
	迎福講寺				頁 492
	太平興國教寺	∨			頁 493
	太清教寺	∨			頁 493
	悟空教寺	∨			頁 493
	禪鄉教寺	∨			頁 494
	光孝寺	∨			頁 494
	勸忠寺	∨			頁 495
	白龍寺	∨			頁 495
	祥符寺	∨			頁 495
	明教院				頁 495
	正宗禪院				頁 496
靖江	崇聖寺	∨			頁 496

〔註 3〕 廣福禪寺至禪鄉教寺寺皆叢林。

附表十九：南直隸寺院修建表——徐州

說明：本表依尊經閣《萬曆徐州志》，卷六，〈方外・寺觀〉。

管縣	寺　　名	重修	新建	敕建	出　　處
徐州	臥佛寺	✓			頁 28b
	開化寺	✓			頁 29a
	興化寺	✓			頁 29a
	開元寺				頁 29b
	景福寺				頁 29b
	屯頭寺				頁 29b
	五級寺				頁 30a
	三洞山寺				頁 30a
	清泉寺				頁 30a
	興臺寺				頁 30a
	七佛寺				頁 30a
	禪正寺				頁 30a
	興明寺				頁 30a
	大雲教寺	✓			頁 30a
	龍泉寺				頁 30b
	英會寺				頁 30b
	香亭院				頁 30b
	彌陀院				頁 30b
	四觀音堂		✓		頁 30b
	洪福禪院				頁 30b
	龍興禪院				頁 30b
	功德禪院				頁 31a
蕭縣	天門寺				頁 32b
	白雲寺		✓		頁 32b
	開皇寺				頁 33a
	顯慶寺				頁 33a

	石佛寺			頁 33a
	福壽寺			頁 33a
	朝陽寺		∨	頁 33a
	新興寺			頁 33a
	皇藏寺			頁 33a
	成陽寺			頁 33b
	○溝寺			頁 33b
	五眼泉寺			頁 33b
	靈光寺			頁 33b
	普照寺			頁 33b
	騰雲寺			頁 33b
	白土寺			頁 33b
	龍壽寺			頁 33b
	九聖寺			頁 33b
	積善寺			頁 33b
	龍泉寺			頁 34a
沛	興國寺			頁 35b
碭山	永慶寺			頁 37b
	大明寺			頁 38a
	興國寺			頁 38a
	南大覺寺			頁 38a
	壽聖寺			頁 38a
	雲臺寺			頁 38a
	銅鍾寺			頁 38b
	釋迦院			頁 38b
	崇壽院			頁 38b
豐縣	興教寺			頁 39a
	重福寺			頁 40a
	華嚴寺			頁 40a
	福勝寺			頁 40a

附表二十：南直隸寺院修建表——廣德州

說明：本表依內閣文庫藏《萬曆廣德州志》，卷二，〈建置志・寺觀道院〉。

管縣	寺　　名	重修	新建	敕建	出　　處
	開元寺				頁 24b
	天寧寺				頁 24b
	石溪寺				頁 24b
	海會寺				頁 24b
	東泉寺				頁 24b
	牧馬寺				頁 24b
	明教禪寺				頁 24b
	上○寺				頁 24b
	資福寺				頁 25a
	上辛豐寺				頁 25a
	右辛豐寺				頁 25a
	東山寺				頁 25a
	靈山寺				頁 25a
	定慧禪寺				頁 25a
	崇法寺				頁 25a
	○山寺				頁 25a
	唐興寺				頁 25a
	資聖寺				頁 25a
	保安寺				頁 25a
	雲門寺				頁 25a
	橫山庵				頁 25b
	雲山庵				頁 25b
	武田庵				頁 25b
	圓隱庵		ˇ		頁 25b
	普門庵				頁 25b
	化成庵				頁 25b

管縣	寺　　名	重修	新建	敕建	出　　處
	慶壽庵				頁 25b
	紫竹庵		∨		頁 25b
	大首山庵				頁 25b
	清溪庵				頁 25b
	普照庵				頁 26a
	慈惠庵				頁 26a
	般若庵				頁 26a
	大德庵				頁 26a
	圓覺庵		∨		頁 26a
	宗正庵				頁 26a
	橫嶺庵		∨		頁 26a
	大洞庵				頁 26a
	淨覺庵				頁 26a

附表二十一：南直隸寺院修建表——和州

說明：本表依內閣文庫藏《嘉靖和州志》，卷十七，〈雜志·寺觀〉。

管縣	寺　　名	重修	新建	敕建	出　　處
和州	百福寺				頁數不詳
	延慶寺				頁數不詳
	莊嚴寺				頁數不詳
	香社寺				頁數不詳
	廣教寺				頁數不詳
含山	安國寺				頁數不詳
	褒山寺				頁數不詳

附表二十二：南直隸寺院賜田、額及歸併數目表 ——淮安府

說明：本表出處同於附表五

管 縣	寺 名	賜田	敕額	歸併數目	出 處
山陽縣	報恩光孝禪寺〔註1〕			1	頁512~515
	開元教寺			2	頁512~515
	龍興禪寺				頁512~515
	觀音教寺			2	頁512~515
	台山寺				頁512~515
	丹照寺				頁512~515
	華嚴寺				頁512~515
	景慧禪寺				頁512~515
	永福禪寺				頁512~515
	壽安教寺				頁512~515
	上生寺				頁512~515
鹽城	永寧教寺				頁516
清河	興國教寺				頁516
桃源	興國寺				頁517
安東	能仁教寺				頁517
	童化寺				頁517
	無礙院				頁517
沭陽	招德寺				頁517
	洪福寺				頁517
	普濟院				頁517
海州	大悲寺				頁518
	興國寺				頁518
	佛陀寺				頁518
	古佛寺				頁518
贛榆	重光寺				頁518

〔註 1〕 其他府未賜田、額及歸併者，不列。

管　縣	寺　　名	賜田	敕額	歸併數目	出　　處
邳州	龍興寺				頁 518
	白玉寺				頁 518
宿迁	壽聖寺				頁 519
睢寧	崇寧寺				頁 519

附表二十三：直隸寺院賜田、額及歸併數目表
——鳳陽府

說明：本表出處同於附表六

管縣	寺　　名	賜田	敕額	歸併數目	出　　處
臨淮	大龍興寺	∨		1	頁 358
	開元寺				頁 358
	廣教寺				頁 359
	竹林寺				頁 359
	丹通寺				頁 360
	大聖寺				頁 360
	淨眾院				頁 360
	貞如寺				頁 360
定遠	棲嚴寺				頁 361
	槎枒寺（丹通禪寺）		∨		頁 361
	西禪寺				頁 362
	慈氏寺				頁 362
	能仁寺				頁 362
	禪窟寺				頁 362
淮遠	大聖寺				頁 363
	華嚴寺				頁 363
五河	壽聖寺				頁 364
虹	釋迦寺				頁 364
泗州	大聖禪寺				頁 364～365
	福慶寺				頁 364～365
	觀音院				頁 364～365
	報恩塔院				頁 364～365
盱眙	上龜山寺				頁 364～365
	下龜山寺				頁 364～365
	靈山嚴寺				頁 365～367
	大塔寶雲寺				頁 365～367
	開化院				頁 365～367

管縣	寺　　名	賜田	敕額	歸併數目	出　　處
天長	羅漢寺				頁 367～368
	眞勝院				頁 367～368
	勝因禪寺				頁 367～368
	地藏禪寺				頁 367～368
	天宮寺				頁 367～368
	興教塔院				頁 367～368
宿州	聖果教寺				頁 369
靈璧	聖壽寺				頁 369
壽州	栖賢寺				頁 369
	東禪寺				頁 370
蒙城	興化寺				頁 370
	石佛寺				頁 370
	慈氏寺				頁 370
霍丘	福昌寺				頁 370
	丹覺寺		∨		頁 371
潁州	新渡寺				頁 371
	善現寺				頁 371
	資福寺				頁 372
潁上	宿緣寺		∨		頁 372
	龍興寺				頁 372
亳陽	法相禪寺				頁 373
	咸平寺				頁 373

附表二十四：南直隸寺院賜田、額及歸併數目表
——應天府

說明：1. 敕額欄數字：表洪武某年，下同。

2. 本表出處同於附表七。

管縣	寺　　名	賜田	敕額	歸併數目	出　　處
臨淮	大龍興寺	v		1	頁 358
	鍾山靈谷禪寺〔註1〕	v	v		頁 227～228
	攝山棲霞寺		25		頁 409
	衡陽寺				頁 549
	銅井院				頁 551
	興善寺				頁 555
	首蓿庵				頁 559
	佛國寺				頁 561
	東山翼善寺				頁 567
	祈澤寺				頁 572
	天寧寺				頁 575
	雲居寺				頁 578
	方山定林寺				頁 593
	光相寺				頁 623
	三禪寺				頁 625
	慈光寺				頁 627
	無垢寺				頁 627
	紫草寺				頁 628
	廣惠院				頁 631
	崇善寺				頁 632
	寶善寺				頁 633
	龍泉庵				頁 634
	隱靜寺				頁 635
	本業寺				頁 635

〔註 1〕 靈谷禪寺國初名蔣山寺，因塔邇宮禁，洪武十四年敕改今地，賜書「第一禪林寺」。

管縣	寺　　名	賜田	敕額	歸併數目	出　　處
	普濟庵				頁 642
	普濟寺				頁 642
	山海院				頁 643
	香林寺				頁 646
	多福寺				頁 648
	桂陽寺				頁 650
	草堂寺				頁 651
	慈仁寺				頁 658
	鳳山天界寺〔註2〕	∨	∨		頁 665
	雞籠山雞鳴寺				頁 735
	石頭山清涼寺		∨		頁 773～776
	永慶寺		∨		頁 807
	五雲庵				頁 890
	封崇寺				頁 892
	迴光寺				頁 910
	千佛寺				頁 916
	普緣寺				頁 927
	崇化寺				頁 947
	幕府寺				頁 949
	觀音閣				頁 973
	清眞寺				頁 985
	梵惠寺				頁 986
	接待寺				頁 987
	江東門積善庵				頁 987
	聚寶山報恩寺				頁 995
	天竺山能仁寺				頁 1073
	牛首山佛窟寺				頁 1089
	通善寺		∨		頁 1163
	三山（講）寺〔註3〕		∨		頁 1165～1167
	佑聖庵				頁 1170

〔註 2〕 天界寺：洪武二十一年寺火，敕徙城南關寂處，與居民不相接，出內帑大建
　　　　于此刹宇，更名「天界榜寺」。
〔註 3〕 三山寺：洪武時賜額爲三山講寺

管縣	寺　　名	賜田	敕額	歸併數目	出　　處
	雨花台高座寺				頁 1175
	安隱寺				頁 1194
	寶光寺				頁 1196
	均慶院				頁 1200
	梅岡永寧寺				頁 1203
	瑞相院				頁 1208
	普照寺				頁 1211
	西天寺		˅		頁 1215
	德恩寺				頁 1220
	碧峰寺				頁 1225
	永福寺				頁 1240
	新亭崇因寺				頁 1241
	英台寺				頁 1250
	智安寺				頁 1257
	永泰寺				頁 1258
	獻花巖花巖寺				頁 1261
	慧光寺		˅		頁 1270
	幽棲山祖堂寺				頁 1285
	吉山寺				頁 1291
	永泰講寺				頁 1292
	靜居寺				頁 1293
	棲隱寺				頁 1295
	眞如寺				頁 1297
	天竺山福興寺				頁 1299
	後陽寺				頁 1308
	清修院				頁 1308
	後黎寺				頁 1309
	建昌寺				頁 1311
	西林寺				頁 1311
	般若寺		˅		頁 1312
	高台寺				頁 1312

附表二十五：南直隸寺院賜田、額及歸併數目表 ——寧國府

說明：1. 本表出處同於續編表八

2. 「叢」表歸併庵院以成叢林，但未言其歸併數目多少。

管縣	寺　　名	賜田	敕額	歸併數目	出　　處
宣城	景德寺			叢	頁 912～917
	永慶禪寺				頁 912～917
	朝明教寺				頁 912～917
	興國教寺			叢	頁 912～917
	廣教講寺			叢	頁 912～917
	柏山教寺			叢	頁 912～917
	惠照教寺				頁 912～917
	安國禪寺				頁 912～917
	白雲禪寺				頁 912～917
	治平教寺				頁 912～917
	上羅漢教寺				頁 912～917
	下羅漢教寺				頁 912～917
	七里教寺				頁 912～917
	淨相教寺				頁 912～917
	善果教寺			叢	頁 912～917
	永壽教寺				頁 912～917
	西禪教寺				頁 912～917
	大梵教寺				頁 912～917
	寧信教寺				頁 912～917
	高山教寺				頁 912～917
	淨居教寺				頁 912～917
	嚴台教寺				頁 912～917
	城山教寺			叢	頁 912～917
	柏○教寺				頁 912～917
	甘露教寺				頁 917～923
	三天教寺				頁 917～923
	廣法教寺				頁 917～923

管縣	寺　　名	賜田	敕額	歸併數目	出　處
	南大雲教寺				頁 917～923
	能仁教寺				頁 917～923
	法雲禪寺				頁 917～923
	資福教寺				頁 917～923
	眞如教寺				頁 917～923
	慈濟教寺				頁 917～923
	寶積教寺			叢	頁 917～923
	東寶覺教寺				頁 917～923
	西寶覺教寺				頁 917～923
	空相寺			叢	頁 917～923
	東大覺教寺				頁 917～923
	西大覺寺				頁 917～923
	淨國教寺				頁 917～923
	大雲教寺				頁 917～923
	勝果教寺			叢	頁 917～923
	妙因教寺				頁 917～923
	延壽教寺				頁 917～923
	法華教寺				頁 917～923
	壽昌教寺			叢	頁 917～923
	雲山教寺				頁 917～923
	松隱庵				頁 917～923
	萬松庵				頁 917～923
	清隱庵				頁 917～923
	覺照庵				頁 917～923
	海雲庵				頁 917～923
	傘古庵				頁 917～923
	崇福庵				頁 917～923
	芧亭庵				頁 917～923
	石佛庵				頁 917～923
	高嶺庵				頁 923～936
	西峰大聖庵				頁 923～936
	干寧寺				頁 923～936
	感化寺				頁 923～936
	壽寧庵				頁 923～936

管縣	寺　　名	賜田	敕額	歸併數目	出　　處
南陵	崇教禪寺				頁 923～936
	開化禪寺				頁 923～936
	香油教寺				頁 923～936
	資福教寺				頁 923～936
	靈山寺				頁 923～936
	隱靜寺				頁 923～936
	靈嚴寺				頁 923～936
	郭城寺				頁 923～936
	柏林寺				頁 923～936
涇	萬壽禪寺				頁 923～936
	太安寺				頁 923～936
	寶勝禪寺				頁 923～936
	崇慶教寺			叢	頁 923～936
	西方院				頁 923～936
	大寧禪寺				頁 923～936
	定業禪寺				頁 923～936
	乾明禪寺				頁 923～936
	安國教寺			叢	頁 923～936
	白雲教寺				頁 923～936
	顯明教寺				頁 923～936
	勝果教寺				頁 923～936
	法相教寺				頁 923～936
	嚴○教寺				頁 923～936
	報恩教寺				頁 932～936
	妙明教寺				頁 932～936
	龍雲教寺				頁 932～936
	隆興教寺				頁 932～936
	殿龍寺				頁 932～936
	藍山庵				頁 932～936
	海雲庵				頁 932～936
	銅峰庵				頁 932～936
	妙相禪院				頁 932～936
	覺慈禪院				頁 932～936

管縣	寺　　名	賜田	敕額	歸併數目	出　　處
寧國	教中教寺			叢	頁 932～936
	崇因教寺			叢	頁 932～936
	延慶教寺				頁 932～936
	興教教寺				頁 932～936
	惠雲教寺				頁 932～936
	信相教寺				頁 932～936
	廣濟教寺				頁 932～936
	宣梵教寺				頁 932～936
	建興教寺				頁 932～936
	寶雲教寺				頁 932～936
	靜居教寺				頁 932～936
	眞覺教寺				頁 932～936
	龍福教寺				頁 932～936
	崇果教寺				頁 932～936
	吉祥教寺				頁 932～936
	香蓋教寺				頁 932～936
	彌勒教寺				頁 932～936
	崇福教寺				頁 932～936
	靈嚴教寺				頁 936
	行香教寺				頁 936
	南禪教寺				頁 936
	龍安教寺				頁 936
	永寧教寺				頁 936
	雙峰庵				頁 936
	獅子庵				頁 936
	王觀音殿				頁 936
	觀音堂				頁 936
	沈禪師庵				頁 936
	金僊庵				頁 936

管縣	寺　名	賜田	敕額	歸併數目	出　處
旌德	護國禪寺			叢	頁 937～939
	華陽禪寺			叢	頁 937～939
	資福教寺			叢	頁 937～939
	靈台教寺			叢	頁 937～939
	多寶教寺			叢	頁 937～939
	茆殿教寺			叢	頁 937～939
	會勝教寺				頁 937～939
	瑞蓮教寺				頁 937～939
	孔子教寺				頁 937～939
	後林教寺				頁 937～939
	蘭野教寺				頁 937～939
	勝田教寺				頁 937～939
	玉山教寺				頁 937～939
	上陽庵				頁 937～939
	古嚴庵				頁 937～939
	丹通庵				頁 937～939
	丹覺庵				頁 937～939
	天井庵				頁 937～939
	祥雲庵				頁 937～941
	石壁庵				頁 937～941
	蓮塘庵				頁 937～941
	雲峰庵				頁 937～941
	鐵山庵				頁 937～941
	南山庵				頁 937～941
	興教庵				頁 937～941
	大嶺庵				頁 937～941
	澤溪庵				頁 937～941
	曹溪庵				頁 937～941

管縣	寺　　名	賜田	敕額	歸併數目	出　　處
太平	重興教寺			叢	頁 937～941
	翠微禪寺			叢	頁 937～941
	勝果講寺			叢	頁 937～941
	廣仁講寺				頁 937～941
	松山教寺				頁 937～941
	龍吟寺				頁 937～941
	西峰庵				頁 937～941
	海會庵				頁 937～941
	南山庵				頁 937～941
	城山庵				頁 937～941
	慶源庵				頁 937～941
	松古庵				頁 937～941
	大慈庵				頁 937～941
	李公庵				頁 937～941
	巢翠庵				頁 937～941
	如意庵				頁 937～941
	觀音庵				頁 937～941
	眞常庵				頁 937～941
	無爲庵				頁 940～941
	明善庵			叢	頁 940～941

附表二十六：南直隸寺院賜田、額及歸併數目表
——太平府

說明：本表出處同於附表九

管縣	寺　　名	賜田	敕額	歸併數目	出　　處
當塗	萬壽寺				頁 2a
	報恩光孝禪寺				頁 2a
	化城寺				頁 2b
	羅漢院				頁 2b
	廣濟教寺				頁 3a
	廣福禪寺			叢	頁 3a
	麓心院				頁 3a
	古唐寺				頁 3a
	大仁寺				頁 3b
	眞如院				頁 3b
	普潤教寺			叢	頁 3b
	鷲峰院				頁 3b
	太平興國院				頁 3b
	禪惠院				頁 3b
	多寶院				頁 3b
	雲際院				頁 4a
	福聖教寺			叢	頁 4a
	福源教寺			叢	頁 4a
	禪那院				頁 4b
	澄心教寺			叢	頁 4b
	白雲寺				頁 5a
	東澄天寺				頁 5a
	西澄天寺				頁 5a
	彌勒教寺			叢	頁 5a
	龍華教寺			叢	頁 5a
	瑞相院				頁 5a
	廣教禪寺			叢	頁 5a
	無相禪庵				頁 5a

蕪湖	東能仁院				頁 7a
	西能仁院				頁 7a
	吉祥寺				頁 7b
繁昌	崇法院				頁 7b
	善利寺				頁 7b

附表二十七：南直隸寺院賜田、額及歸併數目表——松江府

說明：本表出處同於附表十一

管縣	寺 名		重修	新建	歸併數目	出 處
華亭 （叢林）	南禪寺				3	頁 55
	併于南禪寺	積慶禪寺				頁 58
		四八願庵				頁 58
		仁壽庵				頁 58
	北禪寺				3	頁 59
	併于前寺	本一院				頁 59
		青啟塔院				頁 61
		修學院				頁 61
	普照講寺				3	頁 61
	併于前寺	善住教院				頁 74
		大慈寺				頁 74
		永福庵				頁 74
	興聖教寺				4	頁 74
	併于前寺	梵化院				頁 80
		種福庵				頁 80
		通慶庵				頁 80
		眞聖堂				頁 80
	延慶講寺				6	頁 81
	併于前寺	梵修寺				頁 83
		崇福寺				頁 86
		慈濟庵				頁 88
		爲善庵				頁 88
		蓮花庵				頁 88
		西報德懺院				頁 87
	超果講寺				3	頁 88
	併于前寺	福田寺				頁 95
		漏澤庵				頁 95
		定心庵				頁 95

管縣	寺　　名		重修	新建	歸併數目	出　　處
	妙嚴教寺				7	頁 95
	併于前寺	慧日院				頁 98
		示應庵				頁 98
		蓮隱庵				頁 98
		安福庵				頁 98
		祠山庵				頁 98
		慈悲懺院				頁 98
		觀音堂				頁 98
	西禪寺				1	頁 99
	併于前寺	西梵明禪寺				頁 101
	法忍教寺				5	頁 103
	併于前寺	雲隱庵				頁 107
		普福庵				頁 107
		崇壽庵				頁 107
		今道成庵				頁 107
		董墳庵				頁 107
	東林禪寺				1	頁 107
	併于前寺	延壽院				頁 108
	寶藏禪寺				4	頁 108
	併于前寺	報恩寺				頁 109
		定光庵				頁 109
		三剩庵				頁 109
		丹覺期堂				頁 109
	太平禪寺				3	頁 109
	併于前寺	報恩寺				頁 109
		陸墳庵				頁 109
		龍門院				頁 109
	澄鑒禪寺					頁 110
	興塔禪寺				2	頁 110
	併于前寺	萬竹林庵				頁 111
		觀音堂				頁 111

管縣	寺　　名		重修	新建	歸併數目	出　　處
	海慧教寺				5	頁 112
	併于前寺	無盡庵				頁 114
		慈福庵				頁 114
		積慶庵				頁 114
		崇敬庵				頁 114
		北華嚴庵				頁 114
	丹智教寺				9	頁 115
	併于前寺	東嵒塔院				頁 116
		崑山塔院				頁 116
		清涼庵				頁 116
		輝和庵				頁 116
		覺海庵				頁 116
		化東庵				頁 116
		善會庵				頁 116
		語澤庵				頁 116
		法華庵				頁 116
	昭慶禪寺				3	頁 117
	併于前寺	大覺庵				頁 118
		祥澤庵				頁 118
		接待庵				頁 119
	宣妙講寺				1	頁 119
	併入前寺	普照寺				頁 119
	澱山禪寺				5	頁 120
	併于前寺	淨行庵				頁 127～128
		福慶庵				頁 127～128
		集賢庵				頁 127～128
		福泉庵				頁 127～128
		塘橋庵				頁 127～128
	頤浩禪寺				1	頁 127～128
	併入前寺	歸眞庵				頁 131
	東禪禪寺				2	頁 133
	併于前寺	永壽寺				頁 133
		普門院				頁 134

管縣	寺　　名		重修	新建	歸併數目	出　　處
	寶雲寺				3	頁 135
	併于前寺	松隱庵				頁 139～140
		小松隱庵				頁 139～140
		大覺庵				頁 139～140
	方廣教寺				6	頁 139～140
	併于前寺	萬壽院				頁 142
		觀音庵				頁 142
		平等庵				頁 142
		撻堰庵				頁 142
		莫蘇庵				頁 142
		慈觀庵				頁 142
	明行教寺				4	頁 142
	併入前寺	報德懺院				頁 146
		崇福庵				頁 146
		志嚴庵				頁 146
		本際庵				頁 146
	七寶教寺				8	頁 146
	併入前寺	南七寶寺				頁 147～148
		報慈庵				頁 147～148
		施水庵				頁 147～148
		法華庵				頁 147～148
		聚沙庵				頁 147～148
		資慶庵				頁 147～148
		施水庵				頁 147～148
		施智庵				頁 147～148
	○慶寺					頁 148～149
	廣福寺					頁 148～149
	頤賦寺					頁 148～149
	長壽寺					頁 148～149
	白蓮寺					頁 148～149
	海慧寺					頁 148～149
	大明寺					頁 148～149
	淨土寺					頁 148～149

管縣	寺　　名		重修	新建	歸併數目	出　　處
	慧海院					頁148～149
	慧燈塔院					頁150～155
	華藏懺院					頁150～155
	報恩院					頁150～155
	丹通院					頁150～155
	資壽院					頁150～155
	壽慶院					頁150～155
	福嚴懺院					頁150～155
	昭福院					頁150～155
	壽安教院					頁150～155
	丹修懺院					頁150～155
	保安院					頁150～155
	慈濟院					頁150～155
	保國水陸禪院					頁150～155
	水月院					頁150～155
	瑞應庵					頁150～155
	順濟庵					頁150～155
	慶福庵					頁150～155
	土地庵					頁150～155
	蓮社庵					頁150～155
	永福尼寺					頁150～155
	覺乘尼寺					頁150～155
	法雲尼寺					頁150～155
	普寧尼寺					頁150～155
上海（叢林）	觀音禪寺				5	頁177
	併入前寺	寧國寺				頁179
		積善院				頁179
		福基寺				頁179
		潮音庵				頁179
		常寂庵				頁179
	法華禪寺				3	頁179
	併入前寺	法華院				頁181～182
		東林庵				頁181～182
		東隱庵				頁181～182

管縣	寺　　名		重修	新建	歸併數目	出　　處
	積善講寺				2	頁181～182
	併入前寺	寧國講寺				頁183
		珍敬庵				頁183
	南積善教寺				2	頁183
	併入前寺	西林懺院				頁185
		海會院				頁186
	龍華教寺				1	頁186
	併入前寺	延恩寺				頁186
	南淨土講寺				3	頁186
	併入前寺	資壽寺				頁186
		崇福庵				頁186
		南廣福寺				頁186
	明心教寺				2	頁189
	併入前寺	通濟庵				頁191
		覺城庵				頁191
	永寧教寺				3	頁191
	併入前寺	資福庵				頁194
		福泉庵				頁194
		東禪庵				頁194
	崇寧教寺				2	頁194
	併入前寺	崇福庵				頁195
		善慶庵				頁195
	永定講寺				3	頁195
	併入前寺	陳墳庵				頁196～197
		崇福庵				頁196～197
		法華經堂				頁196～197
	慶寧教寺				8	頁198～199
	併入前寺	竹隱庵				頁198～199
		孝思庵				頁198～199
		時思庵				頁198～199
		蓮隱庵				頁198～199
		西丹通庵				頁198～199
		五福庵				頁198～199
		法華庵				頁198～199
		丹通庵				頁198～199

管縣	寺　　名		重修	新建	歸併數目	出　　處
	太平教寺				4	頁 198～199
	併入前寺	致思庵				頁 198～199
		華嚴庵				頁 200
		丹通庵				頁 200
		普明庵				頁 200
	靜安教寺				1	頁 200
	併入前寺	眾善庵				頁 202
	普門教寺				2	頁 202
	併入前寺	德濟庵				頁 203
		華潮丹通庵				頁 203
	崇壽講寺				4	頁 203
	併入前寺	普光寺				頁 205～208
		西隱庵				頁 205～208
		張墳庵				頁 205～208
		戴墳庵				頁 205～208
	布金禪寺				4	頁 205～208
	併入前寺	眞淨院				頁 209～210
		接待庵				頁 209～210
		法會庵				頁 209～210
		管浦庵				頁 209～210
	隆福教寺				4	頁 209～210
	併入前寺	隆平寺				頁 212～217
		福善寺				頁 212～217
		寶村庵				頁 212～217
		東濟庵				頁 212～217
	慧日教寺				4	頁 212～217
	併入前寺	眾福院				頁 218
		利濟庵				頁 218
		明遠庵				頁 218
		崇福庵				頁 218
	勝果寺					頁 218
	聖福教寺					頁 218

附表二十八：南直隸寺院賜田、額及歸併數目表 ──徽州府

說明：本表出處同於附表十四

管縣	寺　　名	重修	新建	歸併數目	出　處
歙縣	天寧萬壽禪寺				頁 1705
	太平興國寺				頁 1705
	開化禪寺				頁 1705
	寶相寺				頁 1705
	楊干寺				頁 1705
	任公寺				頁 1705
	○溪寺				頁 1705
	溪事寺				頁 1705
	湖田寺				頁 1705
	積慶寺				頁 1705
	能仁尼寺				頁 1705
	福田寺				頁 1705
	玉岐寺				頁 1705
	褒忠寺				頁 1705
	山旁寺				頁 1705
	揭湖寺				頁 1705
	中峰寺				頁 1705
	崇福寺				頁 1705
	大中祥符禪院				頁 1705
	乾明禪院				頁 1705
	水陸院				頁 1705
	白蓮院				頁 1705
	普庵院				頁 1705
	西峰院				頁 1705
	惠化院				頁 1705

管縣	寺　　名	重修	新建	歸併數目	出　處
	白楊院				頁 1705
	金城院				頁 1705
	金紫院				頁 1705
	江祈院				頁 1710
	靈山院				頁 1710
	清泉院				頁 1710
	溪頭院				頁 1710
	古城院				頁 1710
	漢洞院				頁 1710
	古巖院				頁 1710
	興福院				頁 1710
	坦平院				頁 1710
	黃坑院				頁 1710
	靈康院				頁 1710
	葛塘院				頁 1710
	富山院				頁 1710
	仁義院				頁 1710
	向杲院				頁 1710
	小溪院				頁 1710
	周流院				頁 1710
	保安院				頁 1710
	資福院				頁 1710
	香油院				頁 1710
	陳塘院				頁 1710
	臨塘院				頁 1710
	華嚴院				頁 1710
	聖僧院				頁 1710
	長山庵				頁 1710
	高眉庵				頁 1710

管縣	寺　　　名	重修	新建	歸併數目	出　　處
休寧	普滿禪寺				頁 1710～1714
	建初寺				頁 1710～1714
	永慶寺				頁 1710～1714
	萬安寺				頁 1710～1714
	新屯寺				頁 1710～1714
	富咋寺				頁 1710～1714
	方興寺				頁 1710～1714
	齊祈寺				頁 1710～1714
	龍宮寺				頁 1710～1714
	星洲寺				頁 1710～1714
	嘉祥寺				頁 1710～1714
	月溪寺				頁 1710～1714
	雙門寺				頁 1710～1714
	普照寺				頁 1710～1714
	陽山院				頁 1710～1714
	慈寺院				頁 1710～1714
	吳山院				頁 1710～1714
	蜜多院				頁 1710～1714
	石橋院				頁 1710～1714
	普滿塔庵				頁 1710～1714
	松蘿庵				頁 1710～1714
	南山庵				頁 1710～1714
	英山庵				頁 1710～1714
	金龍庵				頁 1710～1714
	三寶庵				頁 1710～1714
	千秋庵				頁 1710～1714
	等慈庵				頁 1710～1714
	覺慈庵				頁 1710～1714
	施水庵				頁 1710～1714
	錦堂庵				頁 1710～1714
歙縣	全眞庵				頁 1715
	易山庵				頁 1715

管縣	寺 名		重修	新建	歸併數目	出 處
婺源		普濟寺			9	頁 1716～1721
		龍居寺				頁 1716～1721
		靈山寺				頁 1716～1721
	洪武二五年併於萬壽寺，後各復入本寺	○○寺				頁 1716～1721
		高峰寺				頁 1716～1721
		新田寺				頁 1716～1721
		隆慶寺				頁 1716～1721
		新興寺				頁 1716～1721
		泗州				頁 1716～1721
	黃連寺				8	頁 1716～1721
		開化寺				頁 1716～1721
		龍淵寺				頁 1716～1721
		鳳林寺				頁 1716～1721
	併入前寺其餘同上	新興寺				頁 1716～1721
		錢塘寺				頁 1716～1721
		香嚴寺				頁 1716～1721
		鳳林寺				頁 1716～1721
		如意寺				頁 1716～1721
	靈山寺				2	頁 1716～1721
	併入前寺	大田寺				頁 1716～1721
		天王寺				頁 1716～1721
	福山寺				9	頁 1716～1721
		白塔寺				頁 1716～1721
		○○寺				頁 1716～1721
		新興寺				頁 1716～1721
		重興寺				頁 1720～1724
	併入前寺	靈河寺				頁 1720～1724
		沙門寺				頁 1720～1724
		山房寺				頁 1720～1724
		資福寺				頁 1720～1724
		廣福寺				頁 1720～1724

管縣	寺　　名	重修	新建	歸併數目	出　　處
	朗湖院				頁 1720～1724
	眞如庵				頁 1720～1724
	高峰院				頁 1720～1724
	宏山庵				頁 1720～1724
	碧雲庵				頁 1720～1724
	肇安庵				頁 1720～1724
	保安寺				頁 1720～1724
	荷恩寺				頁 1720～1724
	曹溪寺				頁 1720～1724
祈門	悟法寺				頁 1724～1727
	靈泉寺				頁 1724～1727
	忠國顯親下院				頁 1724～1727
	廣福寶林禪院				頁 1724～1727
	石門院				頁 1724～1727
	重興內外二院				頁 1724～1727
	資福院				頁 1724～1727
	普安院				頁 1724～1727
	報慈庵				頁 1724～1727
	安豐庵				頁 1724～1727
	雲平庵				頁 1724～1727
	白蓮庵				頁 1724
	黃沙庵				頁 1724～1727
	永禧庵				頁 1724～1727
	普福庵				頁 1724～1727
	橫山尼庵				頁 1724～1727
黟	○如庵				頁 1724～1727
	泗洲庵				頁 1724～1727
	東山庵				頁 1724～1727
	石鼓院			1	頁 1724～1727
	精林院				頁 1724～1727
	霮山院				頁 1724～1727
	廣安寺			1	頁 1724～1727
	子○寺				頁 1724～1727
	延慶院				頁 1724～1727

管縣	寺　名		重修	新建	歸併數目	出　處
績溪	天王寺				9	頁 1724～1727
	洪武二五年併入天王寺	普照寺				頁 1724～1727
		藥師寺				頁 1724～1727
		新興寺				頁 1724～1727
		慈雲寺				頁 1724～1727
		義林寺				頁 1724～1727
		廣化寺				頁 1724～1727
		福昌寺				頁 1724～1727
		正覺寺				頁 1724～1727
		覺乘寺				頁 1724～1727
	太平禪寺				3	頁 1724～1727
	併入前寺	光相寺				頁 1724～1727
		福田寺				頁 1724～1727
		清福禪院				頁 1724～1727
	清隱寺				7	頁 1724～1727
	併入前寺	盧山寺				頁 1724～1727
		崇福寺				頁 1724～1727
		前山寺				頁 1724～1727
		靈鷲寺				頁 1727
		興福寺				頁 1727
		廣福寺				頁 1727
		新建寺				頁 1727

附表二十九：南直隸寺院賜田、額及歸併數目表
——揚州

說明：本表出處同於附表十六

管縣	寺　　名	重修	新建	歸併數目	出　　處
江都	天寧禪寺			1	頁 1a
	法雲寺				頁 1a
	石塔禪寺				頁 1a
	旌忠教寺				頁 1b
	興教禪寺				頁 1b
	建隆禪寺				頁 1b
	大明寺				頁 1b
	鐵佛寺				頁 2a
	上方禪智寺				頁 2a
	寶勝寺				頁 2b
	山光寺				頁 2b
	西方禪寺				頁 3a
	壽安教寺			1	頁 3b
	清涼講寺				頁 3b
	惠照教寺				頁 3b
	南來觀音寺				頁 4a
	圓通禪寺				頁 4a
	廣福寺				頁 4a
	救生教寺				頁 4a
	觀音教寺				頁 4a
	法海禪寺				頁 4a
	觀音禪寺				頁 4a
	釋迦教院				頁 4b
	天王教寺				頁 4b
	法華寺				頁 4b
	梵行教寺				頁 4b
	棘林寺				頁 4b
	投子教寺			1	頁 4a

管縣	寺　　名	重修	新建	歸併數目	出　　處
	北興教寺				頁 4a
	北壽安寺				頁 4b
	嵩山寺				頁 4b
	甘泉山寺				頁 4b
	禮拜寺				頁 4b
儀眞	天寧萬壽禪寺				頁 5a
	乾明寺				頁 5b
	長蘆崇福禪院				頁 5b
	資福寺				頁 5b
	崇因永慶寺				頁 5b
	方山梵天寺				頁 5b
	禪慧寺				頁 5b
	禪證寺				頁 5b
	地藏寺				頁 5b
	山光寺				頁 5b
	西方寺				頁 6a
	隆覺寺				頁 6a
	法義禪院				頁 6a
泰興縣	廣福院教寺				頁 6b
	慶雲禪寺				頁 6b
高郵州	天王禪寺				頁 6b
	乾明教寺				頁 6b
	永興禪寺				頁 6b
	承天大梵講寺				頁 6b
	光福教寺				頁 6b
興化縣	定慈禪寺				頁 7a
	東廣福教寺				頁 7a
	西寶嚴教寺				頁 7a
	時思講寺				頁 7a
	崇福寺				頁 7a
	乾明寺				頁 7a
	羅漢寺				頁 7a

管縣	寺　　名	重修	新建	歸併數目	出　處
寶應縣	齊興寺				頁 7b
	眞如寺				頁 7b
	寧國教寺				頁 7b
	唐興寺				頁 7b
	靈芝寺				頁 7b
	蘭亭禪院				頁 7b
	護國院				頁 7b
	蜆○院				頁 7b
	甫里院				頁 7b
	天宮慈院				頁 7b
	龍竿院				頁 7b
泰州	報恩光孝禪寺				頁 8a
	南山教寺				頁 8a
	開化禪寺				頁 8a
	常樂教寺				頁 8a
	廣福教寺				頁 8a
	東廣福教寺				頁 8b
	景德教寺				頁 8b
	岱岳教寺				頁 8b
	護國教院				頁 8b
	回車教院				頁 8b
	壽聖教院				頁 10a
	千佛教院				頁 10a
	勝因教院				頁 10a
	旌忠教院				頁 10a
	地藏教院				頁 10a
	寶福教院				頁 10a
如皋	廣福寺				頁 9a
	中禪教寺				頁 9a
	定慧教寺				頁 9a

管縣	寺　　名	重修	新建	歸併數目	出　　處
通州	天寧禪寺				頁 9a
	狼山廣教禪寺				頁 9a
	興國禪寺				頁 9b
	興化教寺				頁 9b
	廣惠寺				頁 9b

附表三十：南直隸寺院賜田、額及歸併數目表
——蘇州

說明：本表出處同於附表十七

管縣	寺名		重修	新建	歸併數目	出　　處
長洲縣	開元禪寺				2	頁371
	併入前寺	報國院				頁372
		化城庵				頁372
						頁372
	報恩講寺				4	頁372
	併入前寺	東華嚴寺				頁373
		西華嚴寺				頁373
		集慶庵				頁373
		西資庵				頁373
	瑞光禪寺				1	頁373
	併入前寺	順心庵				頁373
	萬壽禪寺				11	頁374
	併入前寺	普門寺				頁374
		包山禪院				頁374
		明因禪院				頁374
		崇慶庵				頁374
		善慧庵				頁374
		善現庵				頁374
		東林庵				頁374
		積善庵				頁374
		福慧庵				頁374
		興福庵				頁374
		正覺禪寺				頁374
	承天能仁禪寺				13	頁374
	併入前寺	觀音庵				頁374
		福昌寺				頁375
		崇義院				頁375
		集福庵				頁375

管縣	寺名		重修	新建	歸併數目	出　　處
		大乘庵				頁 375
		祇園庵				頁 375
		獅子林庵				頁 375
		休休庵				頁 375
		定慧庵				頁 375
		圓通寺				頁 375
		能仁庵				頁 375
		善護庵				頁 375
		信心庵				頁 375
	靈鷲教寺				6	頁 375
	併入前寺	靈鷲庵				頁 376
		慶雲庵				頁 376
		寶志庵				頁 376
		天福庵				頁 376
		集慶庵				頁 376
		報親庵				頁 376
	東禪教寺				11	頁 376
	併入前寺	重昇院				頁 376
		寧壽庵				頁 376
		東林庵				頁 376
		○濟庵				頁 376
		天寧庵				頁 376
		通玄庵				頁 376
		觀音庵				頁 376
		化城庵				頁 376
		普利庵				頁 376
		福壽庵				頁 376
		光明庵				頁 376
	永定講寺				5	頁 376
	併入前寺	景德寺				頁 376
		西禪寺				頁 376
		天王寺				頁 377
		大弘寺				頁 377
		洪範淨慧院				頁 377

管縣	寺名		重修	新建	歸併數目	出　　處
	北禪講寺				9	頁 377
	併入前寺	昭慶寺				頁 378
		無量壽院				頁 378
		普福院				頁 378
		圓明庵				頁 378
		佛慧庵				頁 378
		安隱庵				頁 378
		天龍庵				頁 378
		揀汰庵				頁 378
		德慶庵				頁 378
	南禪禪寺				2	頁 378
	併入前寺	妙隱庵				頁 378
		大雲庵				頁 378
	雙塔禪寺				4	頁 379
	併入前寺	永壽庵				頁 379
		衍慶庵				頁 379
		惠林庵				頁 379
		圓通庵				頁 379
	定慧禪寺				3	頁 379
	併入前寺	祚眞庵				頁 379
		化城庵				頁 379
		淨住庵				頁 379
	寶光講寺				7	頁 379
	併入前寺	法雲塔院				頁 380
		永慶庵				頁 380
		崇福庵				頁 380
		定銘庵				頁 380
		觀音庵				頁 380
		顯慶庵				頁 380
		福興庵				頁 380
	廣化教寺				8	頁 380
	併入前寺	龍興寺				頁 380

管縣	寺名		重修	新建	歸併數目	出　　處
		天宮寺				頁 381
		寶林寺				頁 381
		定光庵				頁 381
		積慶庵				頁 381
		銘心庵				頁 381
		即山庵				頁 381
		華藏庵				頁 381
	積慶禪寺				5	頁 381
	併入前寺	聖安庵				頁 381
		報恩庵				頁 381
		報親庵				頁 381
		觀音庵				頁 381
		福慶庵				頁 381
	寶幢講寺				3	頁 381
	併入前寺	上善庵				頁 381
		吉祥庵				頁 381
		聖福庵				頁 381
	泗洲寺				5	頁 381
	併入前寺	西隱庵				頁 381
		法圓庵				頁 381
		安隱庵				
		大聖庵				頁 382
		清隱庵				頁 382
	朱明寺					頁 382
	傳法寺					頁 382
	西竺寺					頁 382
	妙湛寺					頁 382
	資壽尼院					頁 382
	虎丘禪寺				9	頁 384
	併入前寺	歸源寺				頁 386
		幻住庵				頁 386

管縣	寺名		重修	新建	歸併數目	出　處
		圓照庵				頁 386
		正信庵				頁 386
		會雲庵				頁 386
		雲隱庵				頁 387
		永福庵				頁 387
		圓覺庵				頁 387
		善福庵				頁 387
	半塘壽聖教寺				8	頁 387
	併入前寺	臻福庵				頁 387
		資福庵				頁 387
		原明庵				頁 387
		清照庵				頁 387
		佛慧庵				頁 387
		得成庵				頁 387
		普光庵				頁 387
		普福庵				頁 387
	迎湖教寺				2	頁 387
	併入前寺	廣濟庵				頁 387
		崇福庵				頁 387
	白蓮教寺					頁 387
	併入前寺	善慶庵			7	頁 387
		壽山庵				頁 387
		深捷庵				頁 387
		報德庵				頁 387
		梅林庵				頁 387
		西資庵				頁 387
		觀音庵				頁 387
	靈源教寺				6	頁 387
	併入前寺	能仁寺				頁 388
		興福寺				頁 388
		中峰寺				頁 388

管縣	寺名		重修	新建	歸併數目	出　處
		三峰寺				頁 388
		彌勒寺				頁 388
		圓照寺				頁 388
	治平教寺				5	頁 388
	併入前寺	寶積寺				頁 388
		眞如庵				頁 388
		殊勝庵				頁 388
		華嚴庵				頁 388
		圓覺庵				頁 388
	楞伽講寺				2	頁 388
	併入前寺	白龍庵				頁 389
		妙明庵				頁 389
	穹窿禪寺				4	頁 389
	併入前寺	寶華寺				頁 389
		薦福禪寺				頁 389
		龍池庵				頁 389
		眞如庵				頁 389
	聖恩庵					頁 390
	文殊庵					頁 390
	玉泉庵					頁 390
	靈巖禪寺				5	頁 390
	併入前寺	道林庵				頁 391
		圓明庵				頁 391
		慶雲庵				頁 391
		壽安庵				頁 391
		殊勝庵				頁 391
	崇福教寺				4	頁 391
	併入前寺	集善庵				頁 391
		福源庵				頁 391
		明遠庵				頁 391
		慶福庵				頁 391

管縣	寺名		重修	新建	歸併數目	出　處
	靈澱教寺				13	頁 391
	併入前寺	法華院				頁 391
		景福庵				頁 391
		二聖庵				頁 391
		法慧庵				頁 391
		華嚴庵				頁 391
		志覺庵				頁 391
		光明庵				頁 391
		白鶴庵				頁 391
		法華庵				頁 391
		息峰庵				頁 391
		毛塔庵				頁 392
		春申庵				頁 392
		積善庵				頁 392
	大覺教寺				2	頁 392
	併入前寺	松隱庵				頁 392
		文殊庵				頁 392
吳縣	**天宮教寺**				7	頁 392
	併入前寺	廣福禪寺				頁 392
		壽寧庵				頁 392
		中峰庵				頁 392
		積善庵				頁 392
		淨居庵				頁 392
		報德庵				頁 392
		福海庵				頁 392
	昭明教寺				2	頁 392
	併入前寺	龍華庵				頁 392
		鳳祥庵				頁 392
	光福講寺				8	頁 392
	併入前寺	大慈寺				頁 394
		崇福庵				頁 394
		奉慈庵				頁 394
		雙壽庵				頁 394

管縣	寺名		重修	新建	歸併數目	出　處
		和豐庵				頁 394
		宇文庵				頁 394
		種福庵				頁 394
		圓覺庵				頁 394
	長山教寺				5	頁 394
	併入前寺	證覺庵				頁 394
		善慶庵				頁 394
		寂照庵				頁 394
		崇福庵				頁 394
		菩薩庵				頁 394
	實相教寺				7	頁 394
	併入前寺	深沙庵				頁 394
		觀音庵				頁 394
		殊福庵				頁 394
		廣福庵				頁 394
		安隱庵				頁 394
		興福庵				頁 394
		崇福庵				頁 394
	法海寺				4	頁 394
	併入前寺	華嚴寺				頁 394
		積善庵				頁 394
		北奇庵				頁 394
		寧壽庵				頁 394
	寒山禪寺				6	頁 394
	併入前寺	秀峰禪寺				頁 395
		慧慶禪寺				頁 395
		南峰寺				頁 395
		文殊庵				頁 395
		雲泉庵				頁 395
		射瀆庵				頁 395
	翠峰禪寺				1	頁 395
	併入前寺	廣濟寺				頁 395
	上方教寺				13	頁 395
	併入前寺	祇園寺				頁 395
		水月寺				頁 395

管縣	寺名		重修	新建	歸併數目	出　　處
		天台教寺				頁 398
		福源寺				頁 398
		觀音院				頁 399
		羅漢院				頁 399
		資慶院				頁 399
		看經院				頁 399
		長壽院				頁 399
		實濟院				頁 399
		后黃院				頁 399
		東湖庵				頁 399
		普濟庵				頁 399
	白雲禪寺				6	頁 399
		觀音寺				頁 399
		延慶寺				頁 400
	併入前寺	海雲庵				頁 400
		深隱庵				頁 400
		海慧庵				頁 400
		覺林庵				頁 400
長洲	蓮花教寺				4	頁 400
		陸香寺				頁 400
	併入前寺	慶慈庵				頁 400
		七寶泉庵				頁 400
		深居庵				頁 400
吳縣	寶壽教寺				8	頁 400
		雍熙寺				頁 400
		姑蘇寺				頁 400
		餘慶院				頁 400
	併入前寺	普照庵				頁 400
		建名庵				頁 400
		永壽庵				頁 401
		觀音庵				頁 401
		留雲庵				頁 401

管縣	寺名		重修	新建	歸併數目	出　處
長洲	興國教寺				2	頁 401
	併入前寺	眞如庵				頁 401
		普濟庵				頁 401
	保聖教寺				5	頁 401
	併入前寺	定善庵				頁 401
		福源庵				頁 401
		五福庵				頁 401
		資福庵				頁 401
		流通庵				頁 401
	求壽教寺				7	頁 401
	併入前寺	壽寧庵				頁 401
		崇遠庵				頁 401
		報福庵				頁 401
		圓通庵				頁 401
		觀音庵				頁 401
		西歸庵				頁 401
		植福懺堂				頁 401
	覺林教寺				4	頁 401
	併入前寺	妙智寺				頁 401
		濮陀庵				頁 401
		崇福庵				頁 401
		覺地庵				頁 401
	澄照教寺				2	頁 401
	併入前寺	景福庵				頁 402
		文殊庵				頁 402
	甑山教寺				4	頁 402
	併入前寺	奉仙寺				頁 402
		廣福庵				頁 402
		觀音庵				頁 402
	法華教寺				4	頁 402
	併入前寺	衍慶庵				頁 402
		妙名庵				頁 402
		興福庵				頁 402
		歐治庵				頁 402

管縣	寺名		重修	新建	歸併數目	出　　處
	白蓮講寺				4	頁402
	併入前寺	陸塘塔院				頁402
		流通庵				頁402
		晉明庵				頁402
		慈雲庵				頁402
	利濟教寺				2	頁402
	併入前寺	淨土寺				頁403
		法雲院				頁403
	大覺教寺				7	頁403
	併入前寺	北峰寺				頁403
		華山寺				頁403
		覺林院				頁403
		壽慈庵				頁403
		覺海庵				頁403
		西資庵				頁403
		福嚴庵				頁403
	磧沙禪寺				3	頁403
	併入前寺	集福庵				頁403
		集慶庵				頁403
		迎福庵				頁403
	崇福教寺				5	頁403
	併入前寺	名因寺				頁403
		福壽庵				頁403
		圓通庵				頁403
		福濟庵				頁403
		定祥庵				頁403
	接待教寺				11	頁403
	併入前寺	普明庵				頁403
		崇真庵				頁404
		圓通庵				頁404
		孝友庵				頁404

管縣	寺名		重修	新建	歸併數目	出　處
		般若庵				頁 404
		延福庵				頁 404
		道王庵				頁 404
		夷王庵				頁 404
		圓明庵				頁 404
		崇壽庵				頁 404
		白龍庵				頁 404
吳縣	普賢教寺				7	頁 404
	併入前寺	明月寺				頁 404
		積慶庵				頁 404
		迎福庵				頁 404
		積善庵				頁 404
		寶覺庵				頁 404
		懷敬庵				頁 404
		資福庵				頁 404
長洲縣	全福講寺				4	頁 404
	併入前寺	善住庵				頁 404
		觀妙庵				頁 404
		永應庵				頁 404
		清遠庵				頁 404
崑山	景德教寺				7	頁 406
	併入前寺	草堂庵				頁 406
		圓明庵				頁 406
		積慶庵				頁 406
		集慶庵				頁 406
		法喜庵				頁 406
		觀音庵				頁 406
		廣福庵				頁 406
	慧聚教寺				2	頁 406
	併入前寺	餘慶庵				頁 407
		擁翠庵				頁 407

管縣	寺名		重修	新建	歸併數目	出　　處
	華藏講寺				1	頁 407
	併入前寺	超化庵				頁 408
	薦嚴資福禪寺				3	頁 408
	併入前寺	無相禪寺				頁 408
		延福庵				頁 408
		觀音堂				頁 408
	能仁教寺					頁 408
	報國講寺					頁 408
	聖像教寺				1	頁 408
	併入前寺	延福教寺				頁 408
	延祥教寺					頁 408
	趙靈興福教寺					頁 408
	福嚴禪寺				1	頁 408
	併入前寺	餘慶庵				頁 409
常熟	慧日禪寺				5	頁 410
	併入前寺	練塘寺				頁 410
		寶嚴禪寺				頁 410
		羅墩庵				頁 410
		時親庵				頁 410
	東靈寺					頁 411
	崇教興福教寺				9	頁 411
	併入前寺	廣福院				頁 411
		東塔院				頁 411
		崇福院				頁 411
		福順庵				頁 411
		常慶庵				頁 411
		崇福庵				頁 411
		金李庵				頁 411
		資福庵				頁 411
		白龍庵				頁 411

管縣	寺名		重修	新建	歸併數目	出　處
	維摩禪寺				4	頁 411
	併入前寺	明因禪寺				頁 412
		上方院				頁 412
		瑞石庵				頁 412
		拂水庵				頁 412
	求慶教寺				8	頁 412
	併入前寺	明王庵				頁 412
		朗城庵				頁 413
		悉浦庵				頁 413
		餘慶庵				頁 413
		慈敬庵				頁 413
		何王庵				頁 413
		伍相庵				頁 413
		晏林庵				頁 413
	妙清教寺				12	頁 413
	併入前寺	報慈院				頁 413
		崇慶庵				頁 413
		廣福庵				頁 413
		善濟庵				頁 413
		圓應庵				頁 413
		崇福庵				頁 413
		戈墅庵				頁 413
		法華庵				頁 413
		圓通庵				頁 413
		崇福庵				頁 413
		觀音庵				頁 413
		雲慶庵				頁 413
	大慈教寺				2	頁 413
	併入前寺	邵莊庵				頁 413
		慈義庵				頁 413
	勝法寺					頁 413

管縣	寺名		重修	新建	歸併數目	出　處
	智林教寺				7	頁 414
	併入前寺	如存院				頁 414
		桑倫庵				頁 414
		高浦庵				頁 414
		福田庵				頁 414
		資福庵				頁 414
		觀音庵				頁 414
		杜相庵				頁 414
吳江	聖壽禪寺				7	頁 415
	併入前寺	報恩寺				頁 416
		積慶庵				頁 416
		西歸庵				頁 416
		南思庵				頁 416
		南渡船庵				頁 416
		清隱庵				頁 416
		西隱庵				頁 416
	無礙講寺				6	頁 416
	併入前寺	眞際庵				頁 416
		普福庵				頁 416
		觀音庵				頁 416
		集善庵				頁 416
		北渡船庵				頁 416
		西渡船庵				頁 416
	寧境華嚴講寺				8	頁 416
	併入前寺	圓明寺				頁 417
		迎恩庵				頁 417
		茂靖庵				頁 417
		資恩庵				頁 417
		吉祥庵				頁 417
		應緣庵				頁 417
		南清隱庵				頁 417
		報親庵				頁 417

管縣	寺名		重修	新建	歸併數目	出　　處
	法喜教寺				6	頁 417
	併入前寺	普渡庵				頁 417
		普濟庵				頁 417
		普同庵				頁 417
		圓明庵				頁 417
		南印庵				頁 417
		北清隱庵				頁 417
	奉仙教寺				8	頁 417
	併入前寺	崇慶院				頁 417
		崇敬庵				頁 417
		雲岫庵				頁 417
		圓乘庵				頁 417
		廣福庵				頁 417
		華嚴庵				頁 417
		普慈庵				頁 417
		定慧庵				頁 417
	妙智寺				5	頁 418
	併入前寺	興福庵				頁 418
		德成庵				頁 418
		東隱庵				頁 418
		遠塵庵				頁 418
		孝思庵				頁 418
	雙林教寺				7	頁 418
	併入前寺	妙華庵				頁 418
		崇福庵				頁 418
		一眞庵				頁 418
		巖峰庵				頁 418
		吉祥庵				頁 418
		普銘子庵				頁 418
		圓熙庵				頁 418
	應天教寺				7	頁 418
	併入前寺	清隱庵				頁 418
		添福庵				頁 418

管縣	寺名		重修	新建	歸併數目	出　處
		圓成庵				頁 418
		圓成庵				頁 418
		歇村庵				頁 418
		積敬庵				頁 418
		崇親庵				頁 418
	明慶教寺				6	頁 418
	併入前寺	崇義寺				頁 418
		囑成庵				頁 418
		普慈庵				頁 418
		密隱庵				頁 418
		時思庵				頁 418
		大慈庵				頁 418
	崇吳教寺				10	頁 418
	併入前寺	瑞雲庵				頁 418
		正宗庵				頁 419
		石溪子庵				頁 419
		興善庵				頁 419
		施水庵				頁 419
		積福庵				頁 419
		寧慶庵				頁 419
		界福庵				頁 419
		福聚庵				頁 419
		通化子庵				頁 419
	殊勝教寺				9	頁 419
	併入前寺	顯慶院				頁 419
		大士院				頁 419
		善慶庵				頁 419
		妙德庵				頁 419
		德海庵				頁 419
		化城庵				頁 419
		啓名庵				頁 419
		慶壽庵				頁 419
		正覺庵				頁 419

管縣	寺名		重修	新建	歸併數目	出　處
	普濟禪寺				9	頁 419
	併入前寺	永樂寺				頁 419
		普向寺				頁 419
		圓通禪院				頁 419
		孝友庵				頁 419
		延福庵				頁 419
		流慶庵				頁 419
		眾福庵				頁 419
		陳庵				頁 419
		壽寧庵				頁 419
	積慶講寺				5	頁 419
	併入前寺	流福庵				頁 420
		謝天庵				頁 420
		壽春庵				頁 420
		定慧庵				頁 420
		慶福庵				頁 420
	寶覺講寺				9	頁 420
	併入前寺	契順庵				頁 420
		善慶庵				頁 420
		東源庵				頁 420
		清照庵				頁 420
		正信庵				頁 420
		福慶庵				頁 420
		思遠庵				頁 420
		妙峰庵				頁 420
		崇義庵				頁 420
	永福教寺				5	頁 420
	併入前寺	觀音庵				頁 420
		崇福庵				頁 420
		北隱庵				頁 420
		澄月庵				頁 420
		留珠庵				頁 420

管縣	寺名		重修	新建	歸併數目	出　　處
	羅漢講寺				3	頁 420
	併入前寺	無名庵				頁 420
		安廨庵				頁 420
		奉先庵				頁 420
	永定教寺				7	頁 420
	併入前寺	德慶庵				頁 420
		思孝庵				頁 420
		流慶庵				頁 420
		上善庵				頁 420
		崇義庵				頁 420
		江渡庵				頁 420
		楞嚴子庵				頁 420
	泗洲教寺				6	頁 421
	併入前寺	錢墳庵				頁 421
		德慶庵				頁 421
		流慶庵				頁 421
		南詢庵				頁 421
		善聚庵				頁 421
		圓通庵				頁 421
	接待教寺				2	頁 421
	併入前寺	閒草庵				頁 421
		普慈庵				頁 421
	海雲禪寺				4	頁 421
	併入前寺	慶壽庵				頁 421
		永寧庵				頁 421
		觀音庵				頁 421
		渡船庵				頁 421
	顯忠教寺				4	頁 421
	併入前寺	成定院				頁 421
		善勝庵				頁 421
		啓銘庵				頁 421
		復興庵				頁 421

管縣	寺名		重修	新建	歸併數目	出　處
嘉定	崑福講寺					頁 422
	留光禪寺					頁 422
	圓通講寺					頁 422
	併入前寺	集慶講寺			4	頁 422
		法華講院				頁 422
		顧浦庵				頁 422
		永慶庵				頁 422
	積善寺					頁 422
	南翔講寺					頁 422
	菩提教寺				1	頁 423
	併入前寺	宋王庵				頁 423
	方泰教寺				1	頁 423
	併入前寺	天福庵				頁 423
	護國教寺				2	頁 423
	併入前寺	吳墳庵				頁 423
		普門庵				頁 423
	保寧教寺				1	頁 423
	併入前寺	彭越庵				頁 424
	羅漢講寺				2	頁 424
	併入前寺	普福庵				頁 424
		塢城庵				頁 424
吳江	興聖教寺				4	頁 424
	併入前寺	保安禪寺				頁 424
		集福庵				頁 424
		積慶庵				頁 424
		楊墳庵				頁 424
	南廣教寺					頁 424
	法昌教寺				5	頁 424
	併入前寺	積慶庵				頁 424
		奉先庵				頁 424
		東林庵				頁 424
		接待庵				頁 424
		順濟庵				頁 424

管縣	寺名		重修	新建	歸併數目	出　　處
	褒忠教寺				2	頁 424
	併入前寺	趙和庵				頁 424
		定鄉庵				頁 424
	法界教寺				4	頁 424
	併入前寺	保清講寺				頁 424
		觀音院				頁 424
		崇孝庵				頁 424
		存孝庵				頁 425
	永壽講寺					頁 425
	寶華教寺				3	頁 425
	併入前寺	崇福庵				頁 425
		薦嚴庵				頁 425
		圓通庵				頁 425
	真如教寺					頁 425
	大德萬壽寺					頁 425
	萬安教寺					頁 425
	○○教寺				3	頁 425
	併入前寺	永安院				頁 425
		眞際庵				頁 425
		圓照寺				頁 425
	頓悟教寺				1	頁 425
	永壽禪寺				2	頁 425
	併入前寺	普照院				頁 425
		明聖庵				頁 421
	皇慶教寺				3	頁 421
	併入前寺	淨信講寺				頁 426
		報德庵				頁 426
		呂和庵				頁 426
太倉州	隆福教寺				3	頁 426
	併入前寺	眞靜庵				頁 426
		通濟庵				頁 426
		般若庵				頁 426

管縣	寺名		重修	新建	歸併數目	出　　處
	崇恩禪寺				3	頁 426
	併入前寺	永懷禪寺				頁 426
		觀音庵				頁 426
		般若庵				頁 426
	法輪講寺				3	頁 426
	併入前寺	中峰講寺				頁 426
		廣福院				頁 27
		趙莊庵				頁 27
	陸河聖像教寺				8	頁 27
		崇壽院				頁 27
		福田庵				頁 27
		崇福庵				頁 27
		○湖庵				頁 427
		歸雲庵				頁 427
		資福庵				頁 427
		東禪庵				頁 427
		時思庵				頁 427
	法輪教寺				5	頁 427
	併入前寺	靈寶寺				頁 427
		法華庵				頁 427
		迎春庵				頁 427
		崇祖利濟庵				頁 427
		長壽庵				頁 427
	廣安教寺				3	頁 427
	併入前寺	褒親崇惠寺				頁 427
		增福院				頁 427
		忠義庵				頁 427
	廣孝講寺				1	頁 427
	併入前寺	正受庵				頁 427
	海寧禪寺				2	頁 427
	併入前寺	正宗庵				頁 428
		圓覺庵				頁 428

管縣	寺名		重修	新建	歸併數目	出　處
	報本禪寺				1	頁 428
	併入前寺	興福院				頁 428
	淮雲教寺				7	頁 428
	併入前寺	能仁庵				頁 428
		慶福庵				頁 428
		集福庵				頁 428
		五涇庵				頁 428
		顯福庵				頁 428
		太平庵				頁 428
		慶福庵				頁 428
崇明	奉聖禪寺					頁 428
	慈濟教寺					頁 429
	興教禪寺					頁 429
	壽安講寺					頁 429

附表三十一：南直隸設僧綱（正、會）司表

說明：1.「綱」表僧綱司，「會」表僧會司，「正」表僧正司。下同。

2. 由〈建置志・廨舍〉知安東縣僧會司設於無礙院，而寺觀無此院之記。

3.「×」表未設僧官機構，下同。

4.「ˇ」表已設僧官機構，下同。

府州縣	僧官設置	綱	會	正	備　　註
淮安府	鹽城		ˇ		依天一閣《萬曆淮安府志》，卷六，〈學校志～寺觀〉。
	清河		×		
	桃源		ˇ		
	安東		ˇ		
	沐陽		ˇ		
	海州			ˇ	
	贛榆		ˇ		
	邳州			ˇ	
	蓿遷		ˇ		
	睢寧		ˇ		
	山陽	ˇ			
鳳陽府	臨淮	ˇ			依天一閣《成化中都志》，卷六，〈寺觀〉。
	定遠		×		
	淮遠		ˇ		
	五河		ˇ		
	虹			ˇ	
	泗州			ˇ	
	盱眙		ˇ		
	天長		ˇ		
	宿州		ˇ		
	靈璧		×		
	壽州			×	
	蒙城		ˇ		
	霍丘		ˇ		
	穎州			ˇ	
	穎上		ˇ		

府州縣	僧官設置	綱	會	正	備　　註
應天府					1. 天界寺設僧錄司；興教、報恩、開福、石佛、長蘆等寺設僧會司；上述寺院，資料未標明屬何縣。 2. 依內閣文庫藏《萬曆應天府志》，卷二三，〈雜志下‧寺觀〉。
寧國府	宣城	✓			依成文版《萬曆寧國府志》，卷十，〈明禋志附寺觀〉。
	南陵		✓		
	涇			✓	
	寧國		✓		
	旌德		✓		
	太平		✓		
太平府	當塗	✓			依內閣文庫藏《嘉靖太平府志》，卷二，〈宮室志‧諸司公署〉。
	蕪湖		✓		
	繁昌		✓		
池州府	貴池	✓			1. 依天一閣藏《嘉靖池州府志》，卷三，〈建置篇〉。 2. 〈建置篇〉：「石埭僧會司在崇壽寺」但其寺觀無此寺。
	青陽		✓		
	銅陵		✓		
	石埭		✓		
	健德		✓		
	東流		✓		
松江府	華亭	✓			依天一閣藏《續編正德松江府志》，卷十八～十九，〈寺觀〉。
	上海		✓		
安慶府	懷寧	✓			依成文版《嘉靖安慶府志》，卷六，〈建置篇‧公署〉。
	桐城		✓		
	潛山		✓		
	太湖		✓		
	宿松		✓		
	望江		✓		
廬州府	合肥	✓			1. 依微捲《萬曆廬州府志》，卷三，〈建置篇‧公署〉。 2. 英山列僧會司之名，但無載其在何處。
	舒城州			✓	
	廬州		✓		
	無爲州			✓	
	巢		✓		
	六安州			✓	
	英山		✓		
	霍山		✓		

府州縣	僧官設置	綱	會	正	備　註
鎮江府	丹徒	✓			依內閣文庫藏《康熙鎮江府志》，卷十六，〈公署，司署〉。
	丹陽		✕		
	金壇			✓	
徽州府	歙	✓			依成文書局版《嘉靖徽州府志》，卷二十二，〈寺觀〉。
	休寧		✕		
	婺源		✕		
	祈門		✓		
	黟		✕		
	績溪		✓		
楊州府	江都	✓			1. 依微捲《萬曆揚州府志》，卷二，〈建置篇‧公署〉。
	儀眞		✓		2. 儀眞、高郵州、寶應、泰州、如皋、通州、海門皆列僧會司之名，但無載其在何處。
	泰興		✓		
	寶應		✓		
	高郵州		✓		
	泰州		✓		
	如皋		✓		
	通州		✓		
	海門		✓		
蘇州府	長洲	✓			依學生書局版《正德蘇州府志》，卷二十一，〈官署〉。
	崑山		✓		
	常熟		✓		
	吳江		✓		
	太倉州		✓		
	嘉定		✓		
	崇明		✓		
常州府	府治	✓			1. 依天一閣藏《續編成化常州府志》，卷六，〈官署〉。
	武進		✓		2. 靖江僧會司雖建置，是年尚未設官，故無定所。
	宜興		✓		
	江陰		✓		
	靖江		✓		
徐　州	蕭		✕		依尊經閣藏《萬曆徐州志》，卷二，〈公署〉。
	沛		✕		
	豐		✕		
	碭山		✕		
	徐州			✓	

府州縣	僧官設置	綱	會	正	備　　註
廣德州	廣德州			✓	1. 依內閣文庫藏《萬曆廣德州志》，卷四，
	建平		✓		〈秩官志〉。 2. 列其名，但皆未言設於何處。
和　　州	和州			✓	依內閣文庫藏《嘉靖和州志》，卷三，〈建置
	含山		✓		志‧公署〉。

參考書目

此處所列是附表五至附表三十一，所用資料的來源。

1. 《萬曆寧國府志》，據萬曆五年（1577年）刊本，成文出版。

2. 《成化中都志》，據弘治元年（1488年）刊本，天一閣，上海書店出版。

3. 《嘉靖太平府志》，據嘉靖十年（1531年）刊本，內閣文庫影印，藏中央圖書館。

4. 《嘉靖池州府志》，據嘉靖二十四年（1545年）刊本，天一閣，上海書店出版。

5. 《正德松江府志》，據正德七年（1512年）刊本，天一閣，上海書店出版。

6. 《嘉靖安慶府志》，據嘉靖三十三年（1554年）刊本，成文出版。

7. 《萬曆廬州府志》，據萬曆十三年（1585年）刊本，央圖微捲。

8. 《嘉靖徽州府志》，據嘉靖四十五年（1566年）刊本，成文出版。

9. 《萬曆鎮江府志》，據萬曆二十五年（1597年）刊本，央圖微捲。

10. 《正德姑蘇志》，據正德元年（1506年）刊本，學生書局出版。

11. 《正德姑蘇志》，據正德元年（1506年）刊本，天一閣，上海書店出版。

12. 《萬曆揚州府志》，據萬曆二十九年（1601年）刊本，央圖微捲。

13. 葛寅亮：《金陵梵刹志》，（台北，廣文書局，1976年）。

14. 《成化重修毘陵志》，據成化十九年（1483年）刊本，天一閣，上海書店出版。

15. 《萬曆淮安府志》，據萬曆元年（1573年）刊本，天一閣，上海書店出版。

16. 《嘉靖和州志》，據嘉靖七年（1528年）刊本，內閣文庫影印，藏中央圖書館。

17. 《萬曆廣德州志》，據萬曆四十年（1612年）刊本，內閣文庫影印，藏中央圖書館。

18. 《萬曆徐州志》，據萬曆四年（1576年）刊本，尊經閣影印，藏中央圖書館。

附圖一：南直隸地理分佈圖

說明：本圖參考
1. 國立編輯館編：《高中地理》，第四冊，（台北，國立編輯館，1992），頁83、86、91。
2. 譚其驤：《中國歷史地圖集》，第七冊，（上海，地圖出版社，1980），頁47～48。
3. 劉鴻喜：《中國地理》（台北，五南圖書出版社，1988），頁252。

附圖二：南直隸人口分布與寺院數目對照圖

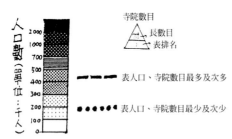

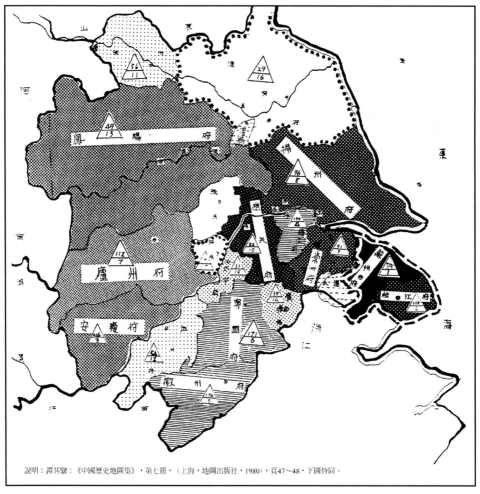

說明：譚其驤：《中國歷史地圖集》，第七冊，（上海，地圖出版社，1980），頁47～48，下圖皆同。

附圖三：南直隸人口分布與寺院修建對照圖

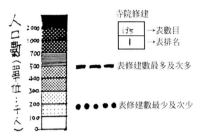

附圖四：南直隸人口分布與寺院歸併及分布對照圖

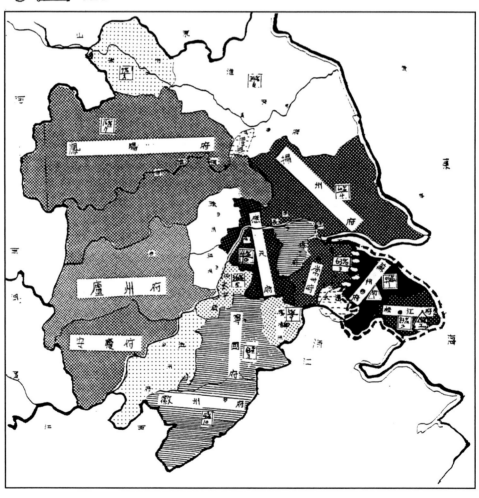

參考書目

以姓氏筆劃爲序

一、基本史料

1. 明・幻輪：《釋氏稽古略續集》，收於《卍續藏經》第 133 冊（台北，新文豐出版社）。

2. 明・文琇：《增集續傳燈錄》，收於《卍續藏》第 142 冊（台北，新文豐出版社）。

3. 明・王一化：《萬曆應天府志》（萬曆五年，1577 年刊本）。

4. 明・王崇等：《嘉靖池州府志》（據嘉靖二十四年，1545 刊本，天一閣，上海書店出版）。

5. 明・王樵：《萬曆鎮江府志》（據萬曆二十五年，1597 刊本，央圖微卷）。

6. 明・王鏊等：《正德姑蘇志》（台北，學生書局，1986 影印，據正德元年，1506 年刊本）。

7. 明・王鏊等：《正德姑蘇志》（據正德元年，1506 刊本，天一閣，上海書店出版）。

8. 明・如惺：《明高僧傳》，收於《大正藏》第 50 冊（台北，新文豐出版社，1983）。

9. 明・朱昱：《成化重修毘陵志》（據成化二十年，1484 年刊本，天一閣，上海書店出版）。

10. 明・何喬遠：《名山藏》（台北，成文出版社）。

11. 明・佚名：《續佛祖統紀》，收於《卍續藏》第 131 冊（台北，新文豐出版社）。

12. 明・宋濂：《宋學士全集補遺》三九、四十，收於《百部叢書集成》（台北，藝文印書館，據清・同治胡鳳丹輯刊金華叢書本影印）。

13. 明・宋濂:《元史》(北京,中華書局,1976)。

14. 明・李東陽:《大明會典》(據萬曆刊本,台北,文海出版社)。

15. 明・李遜等:《嘉靖安慶府志》(據嘉靖三十三年,1554 刊本,成文出版社)。

16. 明・李德中等:《萬曆廣德州志》(據萬曆四十年,1612 刊本,內閣文庫影印,藏中央圖書館)。

17. 明・李賢等:《大明一統志》(西安,三秦出版社,1990 影印,據天順五年,1461 年刊本)。

18. 明・杜璁等:《萬曆廬州府志》(據萬曆十三年,1585 刊本,央圖微卷)。

19. 清・沈世奕:《康熙蘇州府志》(據康熙二十二年,1691 年刊本,內閣文庫影印,藏中央圖書館)。

20. 明・汪尚寧等:《嘉靖徽州府志》(據嘉靖四十五年,1566 刊本,成文出版社)。

21. 元・念常:《佛祖歷代通載》,收於《大正藏》,第 49 冊,(台北,新文豐出版社,1983)。

22. 清・性統:《續燈正統》,收於《卍續藏》第 144 冊(台北,新文豐出版社)。

23. 明・易鸎等:《嘉靖和州志》(據嘉靖七年,1528 刊本,內閣文庫影印,藏中央圖書館)。

24. 明・明太祖:《明太祖集》(合肥,黃山書社,1991)。

25. 明・明太祖:《御製玄教齋教儀序文》,收於《道藏》第 15 冊(台北,新文豐出版社),H-Y467。

26. 明・明河:《補續高僧傳》,收於《卍續藏》第 134 冊(台北,新文豐出版社)。

27. 明・姚應龍等:《萬曆徐州志》(據萬曆四年,1576 刊本,尊經閣影印,藏中央圖書館)。

28. 明・柳瑛:《成化中都志》(據弘治元年,1488 年刊本,天一閣,上海書店出版)。

29. 清・秋崖:《續金山志》,收於杜潔祥主編《中國佛寺史志彙刊》第 39 冊(台北,明文書局,1980)。

30. 清・孫治:《武林靈隱寺志》,收於杜潔祥主編《中國佛寺史志彙刊》第 23 冊(台北,明文書局,1980)。

31. 清・張廷玉等:《明史》(北京,中華書局,1976)。

32. 明・淨柱:《五燈會元續略》,收於《卍續藏》第 138 冊(台北,新文豐出版社)。

33. 清・畢沅:《續資治通鑑》(北京,中華書局)。

34. 明‧通問:《續燈存稿》,收於《卍續藏》第 145 冊(台北,新文豐出版社)。

35. 明‧陳文燭等:《萬曆淮安府志》(據萬曆元年,1573 刊本,天一閣,上海書店出版)。

36. 明‧陳沂:《南畿志》(北京,書目文獻出版社,據嘉靖刻本影印)。

37. 明‧陳俊等:《萬曆寧國府志》(據萬曆五年,1577 刊本,成文出版)。

38. 明‧陸粲:《庚巳編》(百部叢書集成,藝文印書館)。

39. 喻昧庵:《新續高僧傳》(台北,台灣印經處,1991)。

40. 隋‧費長房:《歷代三寶記》,收於《大正藏》第 49 冊(台北,新文豐出版社,1983)。

41. 清‧超永:《五燈全書》,收於《卍續藏》第 141 冊(台北,新文豐出版社)。

42. 明‧楊洵等:《萬曆揚州府志》(據萬曆二十九年,1601 刊本,央圖微卷)。

43. 明‧葛寅亮:《金陵梵剎志》(台北,廣文書局,1976)。

44. 明‧鄒璧等:《嘉靖太平府志》(據嘉靖十年,1531 刊本,內閣文庫影印,藏中央圖書館)。

45. 清‧熊祖詒等:《光緒滁州直隸州志》(據光緒二十二年,1896 刊本,藏史語所)。

46. 清‧趙翼:《陔餘叢考》(石家莊,河北人民出版社,1990)。

47. 清‧際祥:《淨慈寺志》,收於杜潔祥主編《中國佛寺史志彙刊》第 18 冊(台北,明文書局,1980)。

48. 梁‧慧皎:《高僧傳》,收於《大正藏》,第 50 冊,(台北,新文豐出版社,1983)。

49. 清‧盧見曾:《金山志》,收於杜潔祥主編《中國佛寺史志彙刊》第 38 冊(台北,明文書局,1980)。

50. 清‧錢謙益:《列朝詩集小傳‧下》(上海,上海古籍出版社,1982)。

51. 明‧戴瑞卿等:《萬曆滁陽志》(據萬曆四十二年,1615 刊本,央圖微卷)。

52. 魏‧魏收:《魏書》(北京,中華書局,1976)。

53. 明‧顧清等:《正德松江府志》(據正德七年,1512 年刊本,天一閣,上海書店出版)。

54. 《明太祖實錄》1~8 冊(依中央研究院歷史語言研究所校印本)。

二、近人專書(含日文)

1. 小口偉一、堀一郎:《宗教辭典》(東京,東京大學出版會,1974)。

2. 中村元等著、余萬居譯:《中國佛教發展史》(台北,天華出版社,1984)。

3. 中國大百科全書編輯委員會:《中國大百科全書‧宗教》(北京,中國大百科全書出版,1991)。

4. 冉雲華：《中國禪學研究論集》(台北，東初出版社，1991)。

5. 包遵彭：《明代宗教》(台北，學生書局，1968)。

6. 印順法師：《中國禪宗史》(台北，正聞出版社，1978)。

7. 印順法師：《淨土與禪》(台北，正聞出版社，1972)。

8. 江燦騰：《晚明佛教叢林改革與佛學諍辨之研究》(台北，新文豐出版社，1990)。

9. 何茲全：《五十年來漢唐佛教寺院經濟研究》(北京，北京師範大學出版社，1986)。

10. 吳晗：《朱元璋大傳》(台北，遠流出版社，1991)。

11. 吳彰裕：《歷代興業帝王政治謎思之研究》(中山大學中山學術研究所碩士論文，1985，未刊本)。

12. 李玉珍：《唐代的比丘尼》(台北，學生書局，1989)。

13. 周祖謨：《洛陽伽藍記校釋》(香港，中華書局，1976)。

14. 孟森：《明代史》(台北，中華叢書委員會，1957)。

15. 林傳芳：《中國佛教史籍要說》(京都，永田文昌堂，1979)。

16. 阿部肇一著、關世謙譯：《中國禪宗史》(台北，東大出版社，1988)。

17. 洪煥椿：《明清蘇州農業經濟資料》(江蘇，江蘇古籍出版社，1988)。

18. 唐文基：《明代賦役制度史》(中國社會科學出版社，1991)。

19. 孫克寬：《宋元道教之發展》(台中，東海大學，1968)。

20. 馬西沙：《中國民間宗教史》(上海，人民出版社，1992)。

21. 高雄義堅著、陳季菁譯：《宋代佛教史研究》，收在藍吉富編《世界佛學名著譯叢》(台北，華宇出版社，1987)。

22. 張書生等譯、Mote 等著：《劍橋中國明代史》(北京，中國社會科學出版社，1992)。

23. 張曼濤：《中國佛教史論集・宋遼金元篇上》(台北，大乘文化出版社，1977)。

24. 望月信亨：《望月佛教大辭典・僧條》(台北，地平線出版社，1977)。

25. 郭朋：《宋元佛教》(福州，福建人民出版社，1985)。

26. 郭朋：《明清佛教》(福州，福建人民出版社，1982)。

27. 陳垣：《中國佛教史籍概論》，收於藍吉富主編《現代佛學大系》(台北，彌勒出版社，1983)

28. 陳垣：《釋氏疑年錄》(台北，天華出版社，1983)。

29. 陳榮捷著、廖世德譯：《現代中國的宗教趨勢》(台北，文殊出版社，1987)。

30. 陳瓊玉：《唐代佛教與政治經濟的關係》(師大歷史研究所碩士論文，1982，未刊本)。

31. 耿昇譯、Jacques Gernet 著：《中國五——十世紀的寺院經濟》（蘭州，甘肅人民出版社，1987）。

32. 湯用彤：《湯用彤學術論文集》（北京，中華書局，1983）。

33. 湯用彤：《漢魏兩晉南北朝佛教史》，收於藍吉富主編《現代佛學大系》（台北，彌勒出版社，1982）。

34. 間野潛龍《明代文化史研究》（京都，同朋舍，1979）。

35. 黃敏枝：《宋代佛教社會經濟史論集》（台北，學生書局，1989）。

36. 黃運喜：《會昌法難研究——以佛教爲中心》（文化史學碩士論文，1987，未刊本）。

37. 黃懺華：《中國佛教史》（台北，新文豐出版社，1983）。

38. 慈怡法師：《佛光大辭典》（高雄，佛光出版社，1988）。

39. 聖嚴法師：《明末中國佛教の研究——特に智旭を中心として》（東京，山喜房書林，1975）。

40. 聖嚴法師：《明末佛教研究》（台北，東初出版社，1987）。

41. 劉石吉：《明清時代江南市鎮研究》（北京，中國社會科學出版社，1987）。

42. 劉君任：《中國地名大辭典》（台北，文海出版社，1967）。

43. 劉淑芬：《六朝的城市與社會》（台北，學生書局，1992）。

44. 樊樹志：《明清江南市鎮探微》（上海，復旦大學出版社，1990）。

45. 蔣維喬：《中國佛教史》，收於藍吉富主編《現代佛學大系》（台北，彌勒出版社，1983）。

46. 鄭素春：《全眞教與大蒙古國帝室》（台北，學生書局，1987）。

47. 賴建成：《吳越佛教之發展》（75年，文化史學研究所碩士論文，未刊本）。

48. 繆鳳林：《中國通史綱要》，第三冊，（台北，學生書局，1972）。

49. 謝重光、白文固：《中國僧官制度史》（西寧，青海人民出版社，1990）。

50. 謝壽昌等：《中國古今地名大辭典》（台北，商務書局，1987）。

51. 藍吉富：《隋代佛教史述論》（台北，商務印書館，1993）。

52. 顏尚文：《隋唐佛教宗派研究》（台北，新文豐出版社，1980）。

53. 蘇瑤崇：《佛教之社會機能初探——以東晉至隋唐嶺南佛教爲例》（清華大學歷史研究所碩士論文，1987，未刊本）。

54. 鎌田茂雄著、關世謙譯：《中國佛教通史》（高雄，佛光出版社，1985）。

55. 鎌田茂雄著、關世謙譯：《中國佛教史》（台北，新文豐出版社，1987）。

三、近人論文（含日文）

1. 丁敏：〈方外的世界——佛教的宗教與社會活動〉，收於《中國文化新論·

敬天與親人》（台北，聯經出版社，1982）。

2. 大藪正哉：〈元朝の宗教政策〉《元代の法制と宗教》（東京，秀英出版社，1983）。

3. 太虛大師：〈怎樣增高佛教在國民中的地位〉，收在印順法師等編《太虛大師全集》，第 18 冊，（台北，善導寺佛經流通處，1980）。

4. 太虛大師：〈聽講「現代中國佛教」之後〉，收在印順法師等編《太虛大師全集》，第 28 冊，（台北，善導寺佛經流通處，1980）。

5. 太虛大師：〈佛教之新認識〉，收在《太虛大師全集》，第 28 冊，（台北，善導寺佛經流通處，1980）。

6. 王守稼等：〈松江府在明代的歷史地位〉，收在中國地方史志協會編《中國地方史志論叢》（北京，中華書局，1984）。

7. 王新：〈課誦〉，收於藍吉富編《中國佛教人物與制度》（台北，彌勒出版社，1984）。

8. 冉雲華：〈太虛大師與中國佛教現代化〉《中國佛教文化研究論集》（台北，東初出版社，1990）。

9. 再雲華：〈敦煌遺書與中國禪宗歷史研〉《中國唐代學會會刊》，1993，第 4 期。

10. 朱鴻：〈明太祖與僧道〉《師大歷史學報》，1990，第 18 期。

11. 吳晗：〈明教與大明帝國〉《吳晗史學論著選集第二卷》（北京，人民出版社，1986）。

12. 吳緝華：〈論明代稅糧重心之地域及其重稅之由來〉《明代社會經濟史論叢》（台北，學生書局，1970）。

13. 李守孔：〈明代白蓮教考略〉，收于包遵彭編《明代宗教》（台北，學生書局，1969）

14. 李洵：〈明代政界的地域性從政限制〉《史學集刊》，1991，第 3 期。

15. 東初：〈宋代的佛教〉，收於張曼濤：《中國佛教史論集・宋遼金元篇上》（台北，大乘文化出版社，1977）。

16. 牧田諦亮著、眞如譯：〈趙宋佛教史上契嵩的立場〉，收於張曼濤：《中國佛教史論集・宋遼金元篇上》（台北，大乘文化出版社，1977）。

17. 重松俊章：〈初期的白蓮教會——附元律中的白蓮教會〉，收於藍吉富編：《中國佛教史論集》（台北，華宇出版社，1987）。

18. 韋慶遠：〈明初江南賦稅畸重原因辨析〉《明清史辨析》（中國社會科學出版社，1989）。

19. 柯毓賢：〈「明王」與「羅平王」——以《轉天圖經》爲中心之考察〉《東方宗教研究》，1993，新 3 期。

20. 馬德成譯、Mote 著:〈明初南京城的變遷〉,《明史研究專刊》第七期(台北,明史研究小組,1984)。

21. 段昌國譯、Arthur Wright 著:〈隋代思想意識的形成〉,收於段昌國等譯《中國思想與制度論集》(台北,聯經出版社,1979)。

22. 宮崎市定:〈洪武かち永樂へ──初期明朝政權の性格──〉,《宮崎市定全集》(東京,岩波書店,1992)。

23. 徐泓:〈明初南京的都市規劃與人口變遷〉,《食貨月刊》,1980,第 10 卷,3 號。

24. 徐泓:〈明初洪武年間的人口移徙〉,《第一屆歷史與中國社會變遷研討會》

25. 荒木見悟講、慧嚴法師譯:〈明代楞嚴經的流行〉,中,《人生雜誌》,1993,第 124 期。

26. 酒井忠夫:〈明の太祖の三教思想とその影響〉,《福井博士頌壽紀念》(東京,福井博士頌壽紀念論文集刊行會,1960)。

27. 高雄義堅:〈宋代寺院制度の──考察──特に住持繼承法を中心として〉,《支那佛教史學》,1949,第 5 卷,20 號。

28. 清水泰次:〈明代に於ける佛道の取締〉,《史學雜誌》,第 40 卷之 2,1929。

29. 清水泰次:〈明代佛道統制考〉,《東洋史會紀要》,1937,第 2 期,頁 6~9。

30. 清水泰次:〈明代の寺田〉,《東亞經濟研究》,8 卷 4 號,1924 年,頁 205。

31. 野上俊靜:〈明初の僧道衙門〉,《大谷學報》,1950,第 27 卷,第 1 期。

32. 陳連營:〈試論明初洪武年間對佛道二教的整頓和管理〉,《史學月刊》,1991,第 3 期。

33. 滋賀高義:〈明初の法會と佛教政策〉,《大谷大學年報》,1969,第 20 期。

34. 程民生:〈略論宋代的僧侶與佛教鄭策〉,《世界宗教研究》,1986,第 4 期。

35. 間野潛龍:〈中國明代の僧官について〉,《大谷學報》,1956,第 36 卷,第 3 期。

36. 黃啓江:〈北宋汴京之寺院與佛教〉,《國立編譯館館刊》,1989,第 2 期。

37. 楊慶堃:〈儒家思想與中國宗教之間的功能關係〉,收于段昌國等譯《中國思想與制度論集》(台北,聯經出版社,1979)。

38. 楊惠南:〈一葦渡江、白蓮東來──佛教的輸入與本土化〉,收於《中國文化新論·敬天與親人》(台北,聯經出版社,1982)。

39. 劉淑芬:〈五至六世紀華北鄉村的佛教信仰〉,《中央研究院歷史語言研究所集刊》,第 63 本,第 3 分,1993。

40. 黎光明:〈太祖遺僧日本考〉,《中央研究院歷史語言研究所集刊》,7~2,1936。

41. 橫超慧日：〈日本的中國佛教研究〉，收于藍吉富編《中國佛教史論集》（台北，華宇出版社，1987）。

42. 龍池清：〈明太祖的佛教政策〉，《海潮音》1991，第 72 卷，第 2 期。

43. 龍池清：〈明代の瑜伽教僧〉，《東方學報》，1940，第 11 卷，第 1 號。

44. 龍池清：〈明代の僧官〉，《支那佛教史學》，1940，第 4 卷，第 3 期。

45. 龍池清：〈明代の寺院〉，《支那佛教史學》，1938，第 2 卷，第 4 號。

46. 謝重光：〈唐代佛教政策簡論〉，《世界宗教研究》，1988，第 3 期。

47. 藍吉富：〈傳燈的人——歷代僧侶的分類考察〉，收於《中國文化新論・敬天與親人》（台北，聯經出版社，1982）。

48. 顏尚文：〈後漢三國西晉時代佛教寺院之分佈〉，《師大歷史學報》，1985，第 13 期。

四、英文著作

1. Arthur Wright, *Buddhism in Chinese History*（台北，南天書局，1990）。

2. Chun-Fang Yü, *The Renewal of Buddhism in China : Chu-Hung and the Late Ming Synthesis*（Columbia Uni. 1981）.

3. c.k.Yang, *Religion in Chinse Society*（Berkeley, 1961）.

4. Daniel Overmyer, "Attitudes Towards Popular Religion in Ritual Texts of the Chinese State," *Cahiers d`Extreme Asie*,5（1989～1990）.

5. Evelyn Rawski, *Education and Popular Literacy in Ch`ing China*（Ann Arbor, 1979）.

6. Pierre-Etienne Will, *Bureaucracy and Famine in Eighteenth Centuy China*, trans. Elborg Forster（Standford, 1990）.

7. Sung-peng Hsu, *A Buddhist Leader in Ming China-The Life and Thought of Han-shan Te-ching*, 1546-1623（Pennsy lvania, 1970）.

8. Susan Naouin, "The Transmisson of Whites Lotus Sectarianism in Late Imperial China", in David Johnson, Andrew Nathan & Evelyn Rawski, eds., *Popular Culture in Late Imperial China*（Berkeley, 1985）.

9. Ter Harr, *the White Lotus Teachings in Chinese Religious History*（New York, Koln. 1992）.

10. Valerie Hansen, *Changing Gods in Medieval China*, 1127-1276（Princeton, 1990）.

.